KB204087

마스킹 테이프 아트

쭉 찢어 쓱 붙이면 작품이 되는

마스킹 테이프 아트

—

2018년 12월 18일 1판 1쇄 인쇄
2018년 12월 26일 1판 1쇄 발행

—

지은이 채민지
펴낸이 이상훈
펴낸곳 책밥
주소 03986 서울시 마포구 동교로23길 116 3층
전화 번호 070-7882-2312
팩스 번호 02-335-6702
홈페이지 www.bookisbab.co.kr
등록 2007. 1. 31. 제313-2007-126호

기획·진행 기획1팀 구본영
디자인 디자인허브 김혜진

—

ISBN 979-11-86925-61-4 (13630)
정가 18,800원

—

저작권자나 발행인의 승인 없이 이 책의 일부 또는 전부를
무단 복사, 복제, 전재하는 것은 저작권법에 저촉됩니다.

책밥은 (주)오렌지페이퍼의 출판 브랜드입니다.

———————————————————————————

이 도서의 국립중앙도서관 출판예정도서목록(CIP)은 서지정보유통지원시스템 홈페이지
(http://seoji.nl.go.kr)와 국가자료종합목록시스템(http://www.nl.go.kr/kolisnet)에서
이용하실 수 있습니다. (CIP제어번호 : CIP2018040823)

마스킹 테이프 아트

쭉 찢어 쓱 붙이면 작품이 되는

채민지 지음

책밥

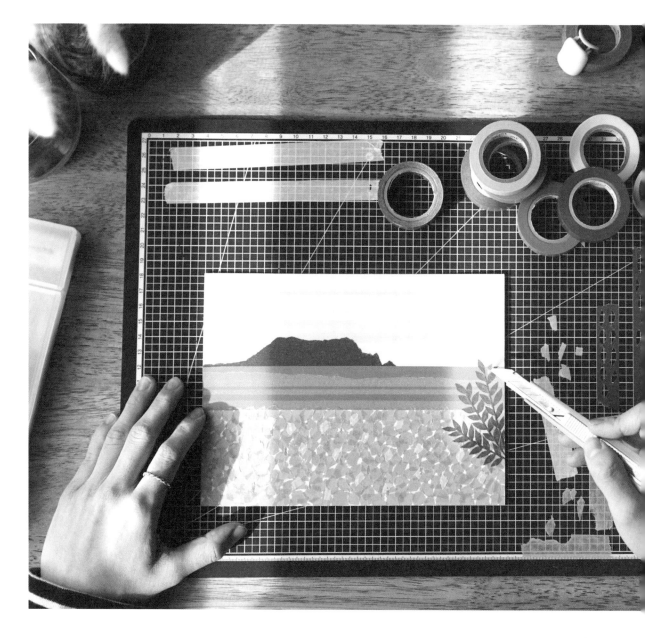

마스킹 테이프 아트를 시작하게 된 계기는 호기심이었어요. 낙서하고 그림 그리는 것을 좋아하지만 전문적으로 배워 본 적이 없던 탓에 '머릿속에 떠오르는 수많은 이미지를 어떻게 표현할 수 있을까'라는 호기심 가득한 마음으로 세상을 바라보던 날들이 있었어요. 그러던 어느 날 책상 위에 너부러진 알록달록한 마스킹 테이프들이 유독 반짝이며 눈에 들어왔고 무심코 마스킹 테이프를 손으로 쭉 찢어 종이에 붙여 보았습니다. 그 단순한 행위만으로 원하는 형태와 색감이 표현된다는 것에 큰 매력을 느꼈어요. 그때부터 그동안 그리고 싶었던 이미지들을 하나둘씩 만들기 시작했고 지금까지 마스킹 테이프를 찢어 붙여서 그림을 표현하고 있답니다.

이제 저에게는 마스킹 테이프가 물감과도 같아요. 찢어 붙이는 행위는 어릴 적 색종이를 가지고 놀던 때를 떠올리게 하죠. 여전히 어린 시절, 그때 그 마음으로 호기심을 가지고 작업할 수 있음에 정말 감사함을 느껴요. 여러분도 일상 속에서 자꾸 호기심을 품어 보길 바라요. 조금 엉뚱하고 어설퍼도 어떤가요. 그동안 하고 싶었던 것들을 차근차근 하나씩 해 나가 보세요. 상황이 여러 조건과 맞지 않다면 한번 방향을 바꿔서도 가 보는 거죠. 되돌아보면 돌고 돌아 마주했던 모든 것들이 저마다의 의미를 가지고 있었던 것 같아요. 이렇게 마주하는 모든 순간이 과정이라 생각해요. 저희 이제 돌아감을 두려워 말고 하나씩 부딪히며 마주해 보도록 해요. 어떤 일이 닥치든 분명히 저희에게 꼭 필요했던 시간들일 거예요. 여러분의 오늘을 응원합니다!

채민지

Part **1** 요리를
하다

| **Cook** |

Part **2** 산책을
하다

| **Walk** |

Part **3** 가게 앞을
지나다

| **Store** |

◎

마스킹 테이프
아트란?

        마스킹 테이프 아트를 소개하기 전에 아직 마스킹 테이프가 생소한 분들을 위해 마스킹 테이프를 먼저 설명하고 시작할게요. 마스킹 테이프는 건물의 벽면이나 가구, 자동차를 도장할 때 깨끗하게 보호해야 할 부분에 도료가 묻지 않도록 도와주는 종이 재질의 테이프입니다. 도색 전 마스킹 테이프를 붙이고 도색한 다음 마스킹 테이프를 제거해 특정 부위를 깨끗하게 보호하려는 목적으로 사용되어 온 것이지요. 스카치테이프와 달리 접착력이 약해 쉽게 떼었다 붙이는 것이 가능하며 종이 재질의 테이프이기 때문에 가위를 사용하지 않고 손으로 쉽게 찢을 수 있어요. 이러한 도장 목적의 테이프를 가리켜 마스킹 테이프라고 불러 왔습니다.

그 후 시간이 지나며 마스킹 테이프의 본래 목적에서 나아가 여러 가지 쓰임새가 개발되었고 마스킹 테이프는 다양한 색상과 패턴으로 디자인되었습니다. 디자인 문구에 관심이 많은 사람들이 마스킹 테이프를 소비하고, 이 소비가 점차 늘며 다이어리나 소품을 꾸미는 등 마스킹 테이프는 이제 도장 목적 이외에도 일상의 편리 또는 장식 목적으로 사용되고 있습니다. '마스킹 테이프 아트(masking tape art)'는 바로 이러한 마스킹 테이프를 재료로 사용하는 일러스트 혹은 미술 작품을 뜻합니다. 이제는 마스킹 테이프를 손으로 찢거나 칼로 오려 붙여 물감처럼 사용해 원하는 이미지를 표현할 수 있습니다. 저와 함께 마스킹 테이프로 그동안 펼치고 싶었던 풍경을 하나씩 그려 보아요!

◎
마스킹 테이프 아트를 위한
준비물

마스킹 테이프와 종이만 있어도 충분히 재미있는 이미지를 표현할 수 있어요. 그렇지만 조금 더 디테일하고 정교한 이미지를 표현하고 싶다면 그에 맞는 도구가 필요하겠죠? 마스킹 테이프 아트를 시작하기에 앞서 필요한 준비물을 하나씩 살펴볼게요.

1 | 마스킹 테이프

마스킹 테이프는 크게 산업용 마스킹 테이프와 디자인 마스킹 테이프로 나뉩니다. 책에서는 디자인 마스킹 테이프로 이미지를 표현했어요. 디자인 마스킹 테이프에는 단색의 솔리드 타입 마스킹 테이프와 패턴 타입의 마스킹 테이프가 있어요. 솔리드 타입 마스킹 테이프의 대표적인 브랜드에는 일본의 mt사가 있습니

다. 책에서 사용하는 기본 컬러는 대부분 mt사의 솔리드 마스킹 테이프입니다. 단색의 마스킹 테이프 여러 종류가 세트로 판매되어 기본 컬러로 사용하기 좋습니다. 또한 같은 일본 브랜드인 mark's(막스)에서도 솔리드 마스킹 테이프와 네온 컬러 마스킹 테이프 등 다양한 패턴의 마스킹 테이프를 판매하고 있어요. 국내 브랜드 중에서는 dailylike(데일리라이크)가 가장 유명합니다. 이외에도 다양한 브랜드의 마스킹 테이프를 온라인, 오프라인으로 만날 수 있어요. 취향에 맞는 브랜드의 솔리드 타입 마스킹 테이프와 패턴 타입 마스킹 테이프를 여러 개 준비해 주세요. 책에 수록된 작품마다 마스킹 테이프의 품명을 기재했으니 참고하세요.

2 | 종이

연습용 종이는 마스킹 테이프의 특징에 따라 붙였다 떼는 것이 수월한 재질이어야 합니다. 이러한 종이는 작업 시 수정이 가능하고 여러 기법을 활용하기에 용이합니다. 사실 마스킹 테이프가 붙는 곳이라면 어떤 것이든 크게 상관은 없어요. 하지만 얇은 종이에 마스킹 테이프를 붙였다가 떼어 낼 경우 종이 표면과 함께 뜯어져 종이가 상할

위험이 있기 때문에 저는 종이의 무게 단위 그램(g)이 낮은 종이보다는 두께가 조금 더 두껍고 표면이 매끄러운 120g의 백상지를 연습용 종이로 사용합니다. 작품을 표현할 종이로는 200g 이상의 두께가 더욱 두껍고 빳빳한 종이를 추천합니다. 시중에 판매되는 수채화 스케치북은 종이의 두께와 질감, 크기가 다양해 따로 재단할 필요가 없어요. 원하는 조건의 수채화 스케치북을 구매해 사용하면 편리합니다.

3 | 이형지 스티커 북

마스킹 테이프를 찢고 오리다 보면 자투리 마스킹 테이프가 생길 거예요. 자투리 마스킹 테이프는 스티커를 떼었다 붙일 수 있는 이형지(박리지) 스티커 북에 붙여 놓고 필요할 때 다시 사용하면 아껴 쓸 수 있어요. 코팅된 종이에 붙여도 다시 사용할 수 있습니다.

4 | 칼

마스킹 테이프를 일정한 크기와 모양으로 오려 작업할 때 칼이 필요합니다. 저는 커터 칼과 아트 나이프를 주로 사용해요. 커터 칼의 경우 간단한 직선을 오릴 때는 문제가 없지만 곡선으로 오려 낼 때나 미세하게 오려 낼 때는 한계가 있을 수 있습니다. 이럴 경우 교체용으로 나오는 30도 커터 칼

날을 구매해 칼날을 바꿔 작업하세요. 30도 커터 칼날은 일반 칼날보다 날카로워 훨씬 수월하게 오려 낼 수 있습니다. 아트 나이프는 페이퍼 커팅 아트, 프라모델 작업에 많이 사용되고 있어요. 손잡이가 펜처럼 둥글게 생겨 그립감이 커터 칼보다 훨씬 우수해 작고 정교한 작업에 적합합니다. 커터 칼과 아트 나이프를 모두 사용해 보고 자신의 손에 맞는 칼을 선택하면 됩니다.

5 | 자

눈금이 보이는 투명한 자를 추천해요. 길이가 긴 자와 짧은 자를 각각 준비하는 것이 좋습니다. 수평, 수직을 맞춰 작업해야 할 경우 긴 자를 사용하면 편리해요. 작은 이미지를 작업하거나 짧은 움직임이 필요할 때는 짧은 자를 사용해서 움직임을 최소화해 주세요.

6 | 가위

가위는 찢어 낸 마스킹 테이프 선이 고르지 않아 지저분하게 튀어나온 부분을 다듬을 때 사용합니다. 손으로 찢기 어려운 부분을 찢을 때, 마스킹 테이프를 트레이싱 페이퍼나 종이에 붙이고 함께 오려 낼 때도 사용합니다. 마스킹 테이프는 부피가 크지 않기 때문에 대형 가위보다는 움직임이 편한 소형 가위를 추천합니다. 그 중 테플론(teflon)으로 특수 코팅 처리가 된 가위는 테이프를 자를 때 끈끈이가 달라붙지 않는 장점이 있어요. 하지만 오려 냈을 때 자투리 테이프가 가윗날에 붙기도 합니다. 이때 손으로 떼어 내면 위험할 수 있으니 휴지로 가윗날을 닦아 내듯이 훔쳐 자투리 테이프를 제거해 주세요. 제가 주로 사용하는 가위는 프린텍(printec)의 테플론 가위입니다. 대형 문구점이나 온라인 사이트에서 구매할 수 있어요.

7 | 커팅 매트

마스킹 테이프를 종이에 붙이고 칼로 오렸다 떼어 내면 종이가 함께 뜯어질 수 있고 책상에 흠집이 남을 수도 있어요. 이러한 이유로 모양을 내서 칼로 오려야 할 때는 커팅 매트를 꼭 준비하는 것이 좋아요. 커팅 매트는 반투명 소재의 커팅 매트와 비치지 않는 단색의 컬러 종류가 있어요. 어떤 소재를 선택하든 상관없습니다. 대신 1cm 단위로 눈금이 표시된 커팅 매트를 사용하면 밝은 색 마스킹 테이프를 쓸 때 자를 대지 않고 비치는 눈금을 따라 칼로 원하는 크기를 오려 낼 수 있어 편리해요. 저는 주로 A3와 A4 사이즈의 커팅 매트를 사용합니다. A3 사이즈는 여유 공간을 충분히 두고 사용할 수 있어 좋고 A4 사이즈는 크지 않아 들고 다니며 작업할 수 있어서 좋답니다. 작품 크기에 맞는 커팅 매트를 준비하면 되어요.

8 | 트레이싱 페이퍼

트레이싱 페이퍼는 같은 모양을 여러 번 찢어 내거나 일정한 모양으로 찢어야 할 때 사용하기 좋아요. 트레이싱 페이퍼에 원하는 모양을 스케치한 후 마스킹 테이프를 붙이고 뒷면에 비치는 스케치 선을 따라 가위로 오리거나 손으로 찢어 내면 비교적 정확한 모양을 만들 수 있습니다. 그램(g)이 너무 낮은 것보다는 80g 정도

의 트레이싱 페이퍼를 사용하면 마스킹 테이프를 붙였다 뗄 때 수월합니다.

9 | 흰색 펜

흰색 펜은 밝은 색상의 마스킹 테이프를 제외한 나머지 색상의 마스킹 테이프에 스케치할 때 사용합니다. 마스킹 테이프를 원하는 크기로 찢어 내거나 칼로 오리기

위해 표시할 때 사용하면 편리합니다. 연필이나 다른 펜으로 스케치를 하고 찢어 낼 경우 경계선에 스케치 자국이 남아 지저분해 보일 수 있어요. 연필 스케치는 어두운 색상에서는 확인이 어렵다는 단점도 있습니다. 어떻게 하면 자국이 보이지 않게 깔끔하게 마무리할 수 있을지 방법을 모색하던 중 어두운 색상에서도 표시가 나는 흰색 펜으로 스케치를 하고, 마스킹 테이프는 얇게 코팅되어 있으니 휴지에 물을 묻혀 남은 스케치 부분을 지우면 좋겠다는 생각으로 시도했던 도구들 가운데 흰색 수성 펜이 가장 적합했습니다. 하지만 마스킹 테이프는 코팅이 살짝 되어 있기 때문에 한 번에 선이 그어지지 않을 수 있습니다. 그럴 때는 선을 여러 번 살살 덧그리거나 종이에 선을 몇 번 그은 후 다시 사용해 보세요. 흰색 펜 종류 중 제브라(zebra)사의 사라사 클립(sarasa clip) 젤 볼펜은 노크식 타입이라 캡을 여닫을 필요가 없어 사용하기 편하답니다.

10 | 연필과 지우개

마스킹 테이프 아트는 스케치할 때 연필보다 흰색 펜을 더 자주 사용하지만 밝은 색상의 마스킹 테이프 혹은 흰색 펜으로는 표시가 잘 나지 않는 마스킹 테이프에 스케치할 때는 연필을 사용합니다. 연필이 아닌 샤프를 준비해도 괜찮아요. 책에

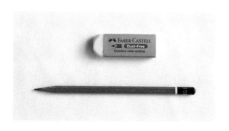

서는 지우개 사용 빈도가 낮으므로 일반적으로 사용하는 말랑한 지우개를 쓰면 됩니다. 지우개로 지울 때는 종이가 상하지 않도록 살살 지워야 합니다.

마스킹 테이프의
종류

　　　책에서 사용하는 디자인 마스킹 테이프의 종류를 조금 더 자세히 살펴볼 게요. 디자인 마스킹 테이프는 데커레이션, 즉 장식 목적이 있어서 '데코 테이프(deco tape)'라고도 불리며 종이 재질의 마스킹 테이프를 뜻하는 '와시 테이프(washi tape)' 라고 불리기도 합니다. 와시는 디자인 마스킹 테이프의 본고장이라 할 수 있는 일본에 서 처음 만들어진 종이 스타일이에요. 마스킹 테이프는 다양한 색상의 디자인과 두께, 질감으로 크게 나눌 수 있어요. 하나씩 알아볼게요.

1 | 디자인에 따라

마스킹 테이프에는 기본적으로 단색의 솔 리드 타입 마스킹 테이프가 있습니다. 솔 리드 타입 마스킹 테이프에는 어두운 톤, 밝은 톤, 그리고 파스텔 톤과 네온 톤까지 다양한 종류가 있어요. 물감처럼 기본 컬 러로 가지고 있으면 좋아요. 디자인 마스 킹 테이프 중에서도 가장 매력적이라 생각  하는 패턴 타입 마스킹 테이프에는 스트라이프, 체크무늬, 꽃무늬 등이 있어요. 최근에 는 일러스트 작가의 작품으로도 디자인되어 그 종류가 굉장히 다양합니다. 패턴 타입 마스킹 테이프는 기본 컬러와 함께 표현하려는 이미지의 분위기에 맞춰 포인트로 사용 하는 것이 좋습니다. 이렇게 하면 패턴 마스킹 테이프의 매력이 돋보일 거예요.

2 | 두께에 따라

디자인 마스킹 테이프의 일반적인 두께는 1.5cm입니다. 최근에는 더 얇은 0.6cm에 서부터 두꺼운 3.8cm까지 생산되어 사이즈 가 더욱 다양해지고 있습니다. 일본 mt사 에서 인테리어에 활용할 수 있도록 제작 한 'mt CASA' 시리즈는 두께가 5cm에서  20cm 이상까지 더욱 두껍게 디자인되어 나오고 있습니다. 마스킹 테이프의 총 길이도 3m에서 10m까지 브랜드마다 차이가 있습니다.

3 │ 질감에 따라

마스킹 테이프는 기본적으로 종이 재질이
에요. 하지만 브랜드마다 마스킹 테이프
의 질감에 차이가 있답니다. 일반적으로
는 자연스러운 종이 질감의 마스킹 테이
프가 대부분이지만 코팅 정도에 따라 비
닐 같은 질감이 느껴지는 마스킹 테이프
도 있습니다. 투명도에도 차이가 있어서
비침의 정도가 브랜드마다 조금씩 차이가

날 수 있답니다. 여러 가지 디자인으로 제작되기 시작하면서 더욱 다양한 질감의 마스
킹 테이프가 탄생하고 있어요. 특별한 날 장식할 때 사용하기 좋은 반짝거리는 글리터
타입과 금속성의 매끄럽고 광택 있는 메탈릭 타입, 실제 원단과 같은 패브릭 타입 등
여러 특수 가공으로 입체적인 질감을 살린 마스킹 테이프도 있답니다.

4 │ 마스킹 테이프 구매 TIP

마스킹 테이프의 가격은 보통 개당 2,000원에서 4,000원입니다. 이 가격대의 마스킹
테이프는 접착력도 강하고 활용할 수 있는 범위가 넓습니다. 마스킹 테이프의 두께와
길이, 가공법에 따라 개당 10,000원까지 하는 고가의 마스킹 테이프도 있습니다. 반대
로 1,000원에 판매되는 저렴한 마스킹 테이프도 있는데 이 마스킹 테이프는 다이어리
를 꾸미는 목적으로 사용할 때는 문제가 없지만 접착력이 약해서 붙였다 떼는 것을 반
복하면 가장자리가 들떠 일어나는 경우가 있습니다. 하지만 가격이 저렴한 편이라 부
담 없이 다양한 종류를 구매할 수 있어 좋아요. 접착력이 약한 편이니 접착력이 강한
마스킹 테이프와 함께 겹쳐서 사용하거나 연습용으로 사용하면 좋습니다. 디자인 마
스킹 테이프의 종류가 가장 많은 일본 브랜드의 마스킹 테이프는 국내로 수입되며 가
격이 달라지기도 합니다. 일본에서는 개당 150엔 정도에 판매하는 마스킹 테이프가
국내에 들어오면 가격이 두 배 가까이 올라 3,000원 정도에 판매됩니다. 해외 직구 사
이트를 이용하거나 구매 대행 사이트를 이용해 구매하면 조금 더 저렴하게 살 수 있지
만 높은 배송료가 청구될 수 있다는 점 참고해 주세요. 국내 사이트에서도 할인율이나
가격이 조금씩 다르므로 여러 사이트에서 가격을 비교한 후 구매하기를 추천합니다.

• 온라인 구매처

인더페이퍼	www.inthepaper.co.kr	데일리라이크	www.dailylike.co.kr
핫트랙스	www.hottracks.co.kr	로이샵	roi-i.jp
텐바이텐	www.10x10.co.kr	바보사랑	www.babosarang.co.kr
천삼백케이	www.1300k.com	에포카	www.epoca.kr

5 | 마스킹 테이프 보관 TIP

마스킹 테이프를 책상에 그냥 얹어 두거나 바닥에 방치하면 테이프 옆면에 먼지가 붙어 마스킹 테이프를 사용할 때 가장자리가 지저분해 보일 수 있어요. 먼지가 붙는 것을 방지하기 위해 마스킹 테이프 보관에 신경을 써야 합니다. 마스킹 테이프를 정리하기 위한 보관함은 시중에 플라스틱 소재의 상자 형식으로 판매되고

있습니다. 상자 형식 외에도 마스킹 테이프를 거치대에 걸어 사용하거나 마스킹 테이프 커터기에 꽂아서 사용하는 등 보관에는 다양한 방법이 있어요. 거치대에 걸어 둘 경우 원하는 색상의 마스킹 테이프를 꺼낼 때 사용하지 않는 마스킹 테이프도 함께 꺼내야 하는 번거로움이 있어요. 그래서 저는 여러 색상의 마스킹 테이프를 그때그때 바로 꺼내 쓸 수 있도록 색상별로 정리해서 서랍이나 상자에 보관하는 것을 추천해요. 햇빛에 노출되면 색이 바랠 수 있으니 주의해 주세요.

◎

마스킹 테이프 아트의
표현 방법

마스킹 테이프 아트가 생소한 만큼 표현 방법도 생소할 수 있어요. 하지만 이 책에 제시한 몇 가지 기법만 익히면 충분히 다양한 이미지를 표현할 수 있답니다. 색종이를 가지고 놀던 어린 날처럼 동심으로 돌아가 마스킹 테이프를 찢고 오려 보세요. 호기심 가득한 마음으로 일상에 재미를 더해 보아요.

1 | 마스킹 테이프에 스케치하기

색상이 선명하고 어두운 톤의 마스킹 테이프에 스케치할 때는 흰색 펜을 사용합니다. 하지만 파스텔 톤이나 흰색처럼 밝은 톤의 마스킹 테이프에 흰색 펜으로 스케치하면 스케치 선을 확인하기 어려울 수 있으니 흰색 펜 스케치가 보이지 않는 색상의 마스킹 테이프에는 연필로 스케치해 주세요.

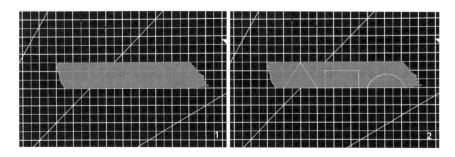

1   검은색을 제외한 마스킹 테이프를 커팅 매트에 붙이면 마스킹 테이프 위로 눈금이 비치
    는 것을 볼 수 있어요.

2   자를 사용하지 않고 비치는 눈금을 따라 도형을 그릴 수도 있습니다. 정확한 크기의 도
    형을 그려야 할 때는 자를 대고 선을 그어 주면 되겠죠?

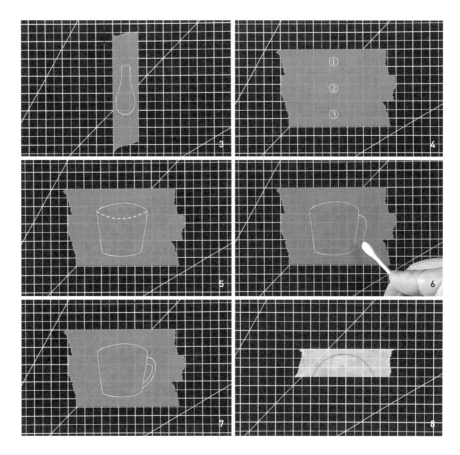

3 　마스킹 테이프를 세로로 붙이고 호리병 모양의 화병을 스케치해 보았어요. 스케치한
　것은 칼로 오리거나 떼어 내서 손으로 찢어 주면 됩니다.

4 　조금 더 큰 이미지를 스케치해야 할 때도 있겠죠? 그럴 때는 마스킹 테이프를 여러 번
　찢어 연결해 붙여 보세요. 사진처럼 가로로 세 줄 찢어 붙이면 스케치 면적을 크게 만들
　수 있어요.

5 　컵을 스케치할게요. 종이에 컵을 그린다면 표시된 점선처럼 컵 위쪽을 둥글게 스케치
　하겠죠? 마스킹 테이프 아트에서는 점선 부분 스케치는 생략하고 가장자리만 통째로
　스케치해 줍니다. 디테일은 칼로 오려 내거나 찢어서 표현합니다.

6 　컵 손잡이를 그려 볼게요. 스케치를 하다 보면 모양이 틀어져 수정해야 할 때가 있어
　요. 틀린 부분을 수정할 때는 휴지나 면봉에 물을 살짝 묻혀 지우고 다시 그려 주면 됩
　니다. 하지만 자주 수정하면 마스킹 테이프의 색상이 바래지거나 펜 자국이 남을 수 있
　으니 주의해서 스케치해 주세요.

7 　스케치한 마스킹 테이프는 칼로 오려 내거나 하나씩 떼어 낸 다음 손으로 찢어서 종이
　에 옮겨 붙이면 됩니다.

8 　파스텔 톤의 하늘색 마스킹 테이프에 흰색 펜으로 스케치하면 스케치 선을 확인할 수
　없어요. 이럴 때는 연필로 스케치해 주세요. 연필로 꾹 누르면서 스케치하지 말고 표시
　가 날 정도로만 스케치해 주세요.

2 | 스케치 선 지우기

스케치한 미스킹 테이프를 칼로 오리거나 손으로 찢어 내면 가장자리에 스케치 선이 남아 있기도 합니다. 스케치 선이 있으면 작품이 지저분해 보일 수 있어요. 불필요한 스케치 선을 말끔하게 제거하는 방법을 알려 드릴게요.

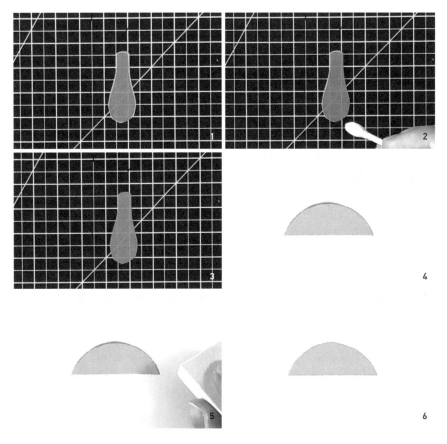

1   호리병 모양의 화병을 칼로 오려 낸 다음 화병을 제외한 나머지 마스킹 테이프를 떼어 제거한 모습입니다. 테두리에 불필요한 흰색 스케치 선이 보입니다.

2   자국을 지우기 위해 물에 적신 휴지나 면봉을 준비해 주세요. 준비한 면봉으로 테두리를 살살 지워 줍니다.

3   스케치 선이 깔끔하게 제거되었어요.

4   연필로 스케치한 반원 모양의 하늘색 마스킹 테이프를 칼로 오린 다음 종이에 옮겨 붙여 보았습니다. 테두리에 연필 선이 남아 있는 모습을 확인할 수 있어요.

5   지우개의 뾰족한 모서리 부분으로 테두리만 조심스럽게 살살 지워 주세요.

6   스케치 선이 깔끔하게 지워졌어요. 지우개는 파스텔 톤이나 흰색 마스킹 테이프에서만 가끔 조심스럽게 사용해야 합니다. 밝은 톤의 마스킹 테이프라도 세게 문지를 경우 하얗게 바랠 수 있으니 주의해 주세요.

3 | 트레이싱 페이퍼에 스케치하기

트레이싱 페이퍼는 마스킹 테이프를 정확한 길이나 모양으로 찢어야 할 때 사용하면 좋아요. 특히 마스킹 테이프를 긴 직선 모양으로 찢을 때 한쪽 끝이 돌돌 말려 찢어 내기가 쉽지 않은데 이럴 때 트레이싱 페이퍼를 아주 유용하게 활용할 수 있답니다.

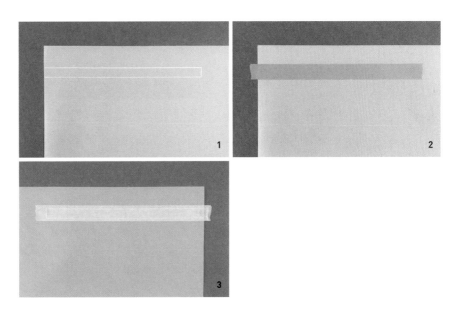

1   트레이싱 페이퍼에 자를 대고 흰색 펜으로 가로로 긴 직사각형을 그려 줍니다.

2   스케치가 모두 가려지도록 마스킹 테이프를 길게 찢어 붙여 주세요. 마스킹 테이프를 트레이싱 페이퍼 바깥으로 나오도록 여유 있게 붙이면 트레이싱 페이퍼에서 마스킹 테이프를 쉽게 떼어 낼 수 있습니다.

3   트레이싱 페이퍼를 뒤집으면 스케치 선을 확인할 수 있습니다. 뒷면에 비치는 선을 따라 손으로 찢으면 긴 직선도 쉽게 찢어 낼 수 있어요.
tip '트레이싱 페이퍼에 스케치 후 찢어 붙이기'는 22쪽을 참고하세요.

4 | 기본 찢어 붙이기

마스킹 테이프는 칼이니 가위를 사용하지 않고 손으로 찢어 낼 수 있다는 것이 장점이에요. 한 번 찢어 낸 선을 다시 완벽하게 똑같은 모양으로 찢어 내기란 힘들죠. 하지만 울퉁불퉁하고 삐뚤거리게 찢어 낸 못생긴 선이 더 매력적으로 느껴질 수 있어요.

1 마스킹 테이프를 조금 찢어 낸 다음 세로로 잡고 아래쪽으로 쭉 찢어 보세요.

2 반으로 찢어 낸 마스킹 테이프를 종이에 붙여 봅니다. 윗부분이 울퉁불퉁하게 찢어진 것을 확인할 수 있어요. 마스킹 테이프를 빠르고 거칠게 찢어 보고, 천천히 일정한 간격으로 찢어 보기도 합니다.

5 | 각진 도형 찢어 붙이기

각이 여러 번 지거나 찢어 내야 할 마스킹 테이프의 여백이 너무 좁은 경우 손으로 찢기가 어려울 수 있어요. 손으로 찢기 힘든 부분은 가위를 이용해서 흠집을 내며 찢어 보세요.

1 마스킹 테이프에 계단 모양을 스케치한 다음 화살표 방향으로 찢어 볼게요. 먼저 마스킹 테이프를 종이에서 떼어 주세요.

2 떼어 낸 마스킹 테이프의 방향을 뒤집어 잡은 다음 시작 부분의 스케치 선을 따라 마스킹 테이프의 끝까지 찢어 주세요.

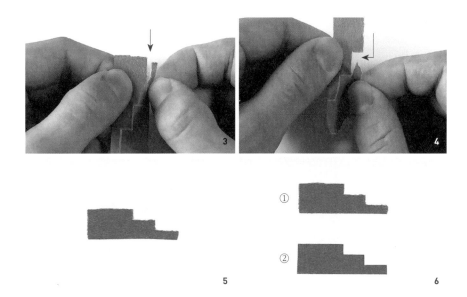

3 마스킹 테이프를 찢어 낼 여백이 좁아 손으로 잘 찢어지지 않을 경우에는 가위를 사용해 화살표 방향으로 홈집을 낸 다음 아래쪽으로 찢어 줍니다.

4 각이 진 부분은 가위로 홈집을 내어 가며 스케치한 나머지 부분까지 모두 찢어 줍니다.

5 찢어 낸 마스킹 테이프를 종이에 붙여 주세요.

6 ①은 손으로 찢어 낸 마스킹 테이프, ②는 칼로 오려 낸 마스킹 테이프입니다. 깔끔하고 정확한 모양을 원한다면 칼로 오리는 것이 좋습니다. 반대로 자연스럽고 러프한 느낌을 표현하고자 한다면 손으로 찢어 내는 방법을 추천 드려요.

6 | 트레이싱 페이퍼에 스케치 후 찢어 붙이기

마스킹 테이프를 트레이싱 페이퍼에 붙인 후 함께 찢어 내면 말림 없이 원하는 모양으로 쉽게 썼어 쓸 수 있습니다. 같은 방법을 반복해서 일정한 크기의 모양을 여러 개 만들어 보세요.

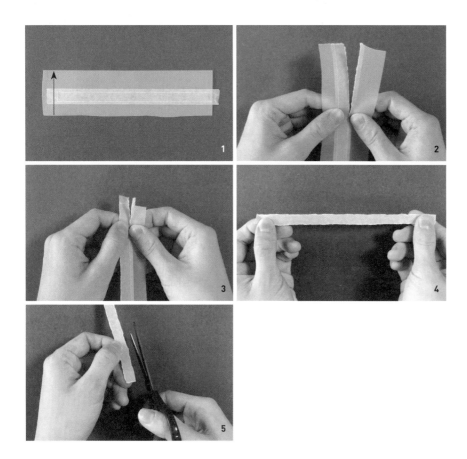

1 트레이싱 페이퍼를 손으로 잡고 찢어 내기 쉽도록 가위로 일부분을 오려 줍니다. 화살표 방향으로 찢어 주세요.

2 방향을 틀어 선을 따라 계속 찢어 줍니다.

3 바깥으로 튀어나온 마스킹 테이프와 함께 아래쪽으로 끝까지 찢어 주세요.

4 마스킹 테이프를 트레이싱 페이퍼와 함께 모두 찢어 내었습니다.

5 스케치 선보다 크게 찢어져 삐쭉 튀어나온 부분은 가위로 다듬어 주면 됩니다.

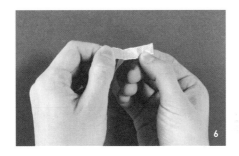

6   트레이싱 페이퍼 바깥쪽으로 튀어나온 마스킹 테이프의 끝부분을 잡고 트레이싱 페이
     퍼를 떼어 제거해 주세요.

7   떼어 낸 마스킹 테이프를 종이에 옮겨 붙입니다.

7 | 기본 오려 붙이기

굴곡이 많거나 곡선의 간격이 좁은 경우에는 칼을 사용해서 오려 보세요. 손으로 찢기
어려운 모양도 칼로 오려 내면 원하는 모양을 쉽게 만들 수 있어요.

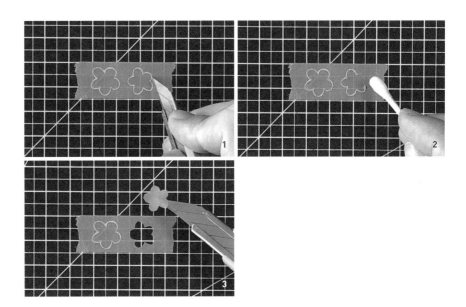

1   작은 꽃을 스케치하고 선을 따라 칼로 오려 줍니다.

2   면봉을 물에 적셔 스케치 선을 지워 줍니다. 오려 낸 마스킹 테이프를 종이에 옮겨 붙인
     다음 스케치 자국을 지워도 상관없어요.

3   오려 낸 마스킹 테이프를 커팅 매트에서 떼어 낸 다음 종이에 옮겨 붙이면 됩니다.

8 | 가는 선 오려 붙이기

손으로 찢어 내기 어려울 정도로 얇고 가는 선은 칼로 오려 내어 보세요. 가는 선을 여러 개 만들어야 하는 반복적인 작업도 칼을 이용하면 쉽게 오려 낼 수 있어요.

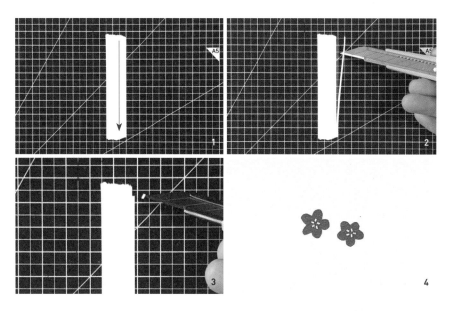

1   마스킹 테이프를 세로로 붙인 다음 화살표 방향으로 가늘게 칼로 오려 주세요.

2   오려 낸 가느다란 마스킹 테이프를 떼어 원하는 곳에 옮겨 붙이면 됩니다.

3   세로 방향으로 오린 다음 가로로 짧게 한 번 더 오려 내면 아주 짧은 선도 만들어 낼 수 있어요.

4   앞서 오려 낸 꽃에 짧은 선을 여러 개 겹쳐 붙여 완성해 보세요.

9 | 겹쳐 붙이기

마스킹 테이프의 반투명한 특징을 살려 여러 겹 겹쳐 붙여 봅시다. 겹친 부분은 색이 진하고 어둡게 표현되어 마스킹 테이프로도 간단하게 음영을 표현할 수 있어요. 비슷한 톤의 마스킹 테이프를 여러 개 배색해 그러데이션을 나타낼 수도 있습니다.

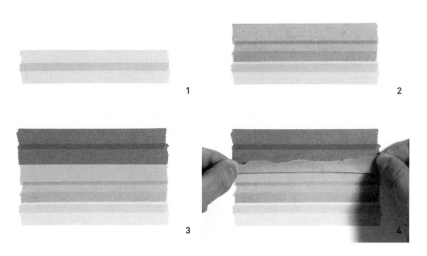

1   하늘색 마스킹 테이프를 가로로 한 줄 찢어 붙인 다음 같은 색상의 마스킹 테이프를 한 번 더 찢어 앞서 붙인 마스킹 테이프의 위쪽과 조금 겹치게 붙여 보세요. 겹친 부분이 더 어둡고 진하게 표현된 것을 확인할 수 있어요.

2   밝은 파란색 마스킹 테이프를 하늘색 마스킹 테이프 위로 두 줄 겹치도록 붙입니다. 간격을 조금씩 다르게 두고 붙여 보세요. 어떤 규칙이 정해진 것이 아니기 때문에 자유롭게 겹쳐 붙이면 됩니다. 처음이라 감을 잡기 어려운 분들은 하나씩 차근차근 따라 해 보세요.

3   어두운 파란색 마스킹 테이프를 밝은 파란색 마스킹 테이프 경계선에 맞춰 겹치지 않게 한 줄 붙입니다. 이어서 붙이는 어두운 파란색 마스킹 테이프는 가운데를 조금 겹치게 붙여 음영을 표현합니다.

4   밝은 파란색 마스킹 테이프의 위쪽 선을 손으로 찢어 굴곡을 만든 다음 겹치지 않게 붙인 두 마스킹 테이프의 경계선 위에 붙여 주세요.

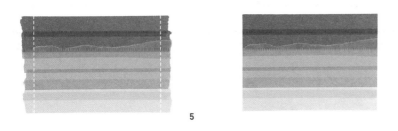

5   경계선 위에 마스킹 테이프를 찢어 붙이면 자연스러운 그러데이션을 표현할 수 있습니다. 양쪽 끝의 점선을 따라 칼로 오려 이미지를 정리해 주세요.

6   오려 낸 마스킹 테이프를 제거하면 그러데이션으로 표현된 이미지를 더욱 완성도 있게 연출할 수 있어요.

10 | 모자이크로 붙이기

모자이크는 타일이나 유리, 종이를 조각조각 붙여 그림을 표현하는 기법이에요. 모자이크 기법을 참고해 마스킹 테이프를 손으로 잘게 찢어 붙여 형태를 표현해 보세요. 초보자도 쉽게 표현할 수 있는 방법입니다. 단 인내심은 조금 필요할 수 있어요!

1   모과를 만들며 모자이크 기법을 익혀 봅시다. 먼저 종이에 연필로 모과의 형태를 스케치해 주세요.

2   마스킹 테이프를 찢어 붙이기 전에 스케치 일부를 지우개로 살살 지워 주세요. 너무 세게 지우면 스케치 선을 확인할 수 없어 형태를 잡기가 어려우니 스케치 자국을 조금씩 남겨 두고 지워 줍니다.

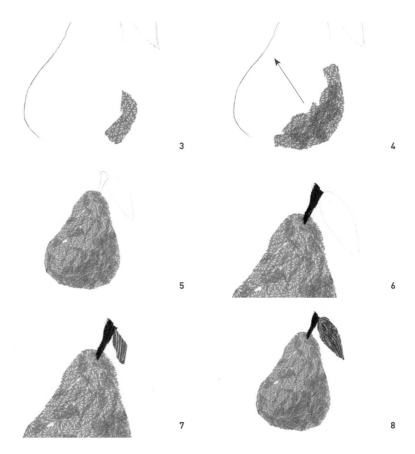

3   연하게 남은 스케치 선 안쪽으로 노란색 패턴의 마스킹 테이프를 찢어서 붙여 줍니다. 지워 낸 나머지 스케치 선을 따라 마스킹 테이프를 계속 잘게 찢어 붙여 형태를 채워 주세요.

4   위쪽으로 겹쳐 붙여 음영을 표현해 가며 채웁니다. 꼭지와 잎 부분 스케치는 남기고 열매의 나머지 스케치를 지우개로 지운 다음 스케치 안쪽에 마스킹 테이프를 잘게 찢어 붙여 열매를 채워 줍니다.

5   열매의 오른쪽 아랫부분은 겹쳐 붙여 어둡게 표현하고 왼쪽 위로 올라 갈수록 겹쳐 붙이는 횟수를 줄여 밝게 표현해 주세요. 마스킹 테이프를 겹쳐 붙이면 음영이 만들어져 이미지를 입체적으로 표현할 수 있어요.

6   꼭지 부분은 갈색 마스킹 테이프를 찢어 붙입니다. 어두운 색상의 마스킹 테이프를 붙일 때는 스케치를 지우지 않고 붙여도 괜찮아요.

7   잎 부분 스케치를 지우개로 지운 다음 연두색 패턴 마스킹 테이프를 잘게 찢어 연하게 남은 스케치 선을 따라 붙이면서 채워 주세요.

8   모자이크 기법으로 표현한 모과가 완성되었습니다.

◎
마스킹 테이프 아트의
활용법

완성하고 그대로 두어도 개성 있는 마스킹 테이프 아트 작품, 실용적으로 활용할 수 있는 방법을 살펴볼까요? 다양한 매력을 지닌 마스킹 테이프의 특징을 살려 일상을 조금 더 다채롭게 디자인해 보세요.

1 | 디자인 마그네틱

마스킹 테이프와 고무자석판으로 나만의 디자인 마그네틱을 만들어 보세요. 고무자석판도 컬러가 다양한데 그중 흰색 고무자석판은 마스킹 테이프의 색감을 선명하게 표현할 수 있어 좋아요. 고무자석판 위에 마스킹 테이프를 붙여 꾸민 다음 칼이나 가위로 테두리를 오리면 인테리어 소품으로도 손색이 없답니다.

tip '마트료시카'를 만드는 방법은 234쪽을 참고하세요.

2 | 스니커즈 커스텀

마스킹 테이프와 쓰임새가 비슷한 패브릭 테이프 중 면 원단에도 붙일 수 있는 패브릭 테이프가 있답니다. 패브릭 테이프를 활용해 밋밋한 신발이나 에코백을 개성 있게 꾸며 보세요. 패브릭 테이프를 칼이나 가위로 오려 원하는 위치에 붙인 다음 테이프 위에 천을덮대고 20~25초 정도 중온으로 다리면 사용할 수 있어요. 마스킹 테이프와 달리 패브릭 테이프는 원단에도 강하게 붙는 장점이 있어 활용도 높게 사용할 수 있어 좋아요.
사진 속 스니커즈에는 kawaguchi의 NUNO DECO TAPE 11-846, 11-848, 11-866을
사용했습니다.

3 | 명절 용돈 봉투

명절에 부모님께 드릴 용돈 봉
투를 만들어 보아요. 무지 봉
투와 전통적인 문양의 패턴 마
스킹 테이프만 있으면 명절 분
위기가 물씬 풍기는 용돈 봉투
를 만들 수 있어요. 이제부터
는 마스킹 테이프를 활용해 정
성스럽게 만든 명절 용돈 봉투
로 부모님께 감사의 마음을 전
해 보세요. 전통적인 문양의
패턴 마스킹 테이프는 국립중
앙박물관 온라인 숍에서 구매
할 수 있답니다.

Part 1

요리를
하다

나
무
식
기

사용할수록 길들여져 더 자연스러운 매력을 느낄 수 있는 나무 식기,

관리는 다소 어렵지만 나무가 가진 소박하고 편안한 분위기에 끌려 자꾸만 찾게 되죠.

나무가 주는 따뜻함을 느끼면서 하루를 시작해 보는 건 어떨까요?

①

① collage masking tape BROWN

1

2

3

4

5

1 나무 도마를 표현할 갈색의 콜라주 마스킹 테이프①를 5cm 정도 찢어 붙여 주세요.

2 앞서 붙인 마스킹 테이프 아래쪽에 맞춰 같은 마스킹 테이프를 붙여 줍니다.

3 흰색 펜으로 모서리가 둥근 직사각형을 스케치하고 위쪽 마스킹 테이프를 떼어 냅니다.

4 떼어 낸 마스킹 테이프는 스케치를 따라 손으로 찢어 준 다음 다시 종이에 붙입니다.

5 아래쪽도 같은 방법으로 떼어 내고 스케치를 따라 찢은 후 붙여 주세요.

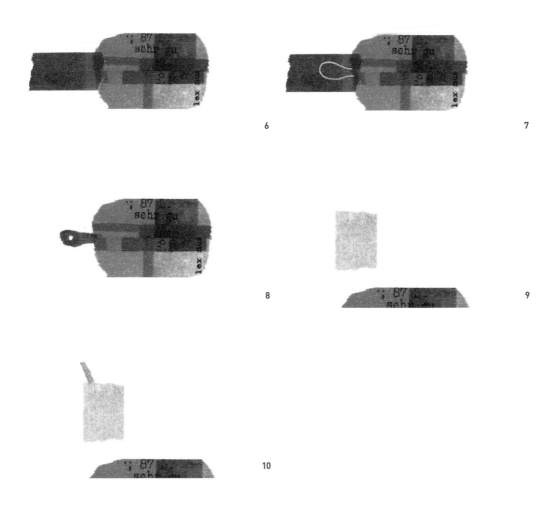

6 도마의 왼쪽 끝 가운데에 중심을 맞춰 마스킹 테이프①를 붙여 줍니다.

7 둥근 형태의 손잡이를 스케치하고 마스킹 테이프를 떼어 스케치를 따라 찢어 주세요.

8 손잡이를 붙이고 손잡이의 끝부분을 칼로 동그랗게 오려 구멍을 만듭니다. 이때 너무 힘을 줘 오려 내면 종이에 구멍이 날 수도 있으니 힘 조절에 주의하세요.

9 갈색의 콜라주 마스킹 테이프 중 연한 부분을 직사각형 모양으로 찢은 다음 도마 위쪽에 붙여 주세요. 세로로 붙여 조리도구 통을 표현합니다.

10 같은 마스킹 테이프에서 조리도구 통보다 조금 더 진한 부분을 가늘게 찢어 조리도구 통 입구에 맞춰 붙여 주세요.

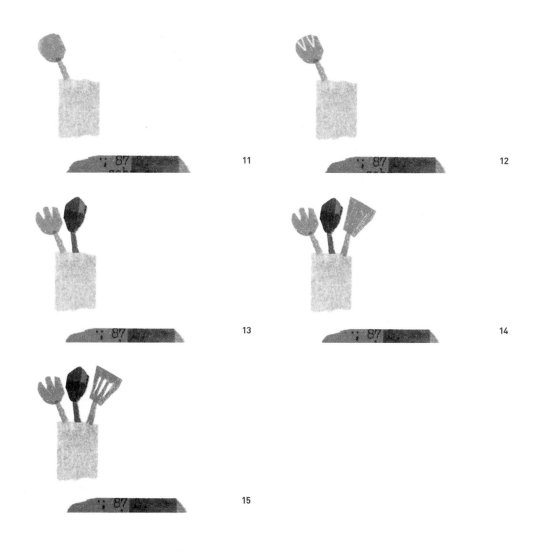

11   같은 색감의 마스킹 테이프를 둥글게 찢어 앞서 붙인 마스킹 테이프 위쪽에 붙여 줍니다.

12   흰색 펜으로 표시한 부분을 칼로 오려 내 포크형 볶음 스푼을 만들어 주세요.

13   같은 마스킹 테이프에서 어두운 부분을 찢어 볶음 스푼과 같은 방법으로 나무 주걱을 표현
      합니다.

14   손잡이 부분을 가늘게 찢어 붙인 뒤 사다리꼴 모양으로 마스킹 테이프를 오려 붙여 줍니다.

15   왼쪽부터 세로로 긴 구멍을 스케치하고 칼로 오려 주세요. 뒤집개가 완성되었습니다.

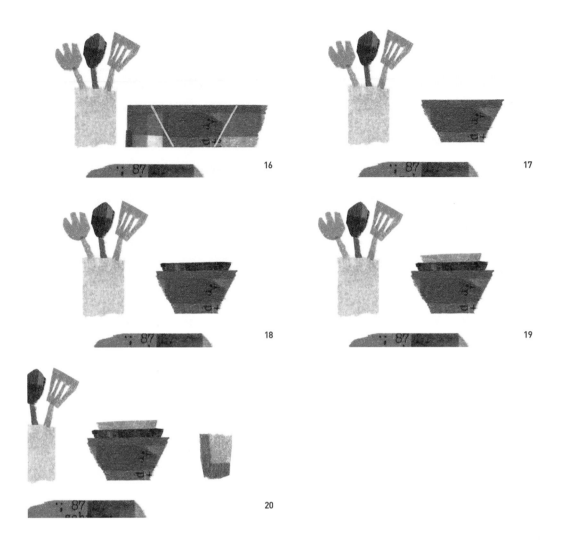

16 조리도구 통 옆에 마스킹 테이프(①)를 붙여 주세요. 사선을 그려 사다리꼴 모양으로 스케치하고 떼어 낸 다음 선을 따라 찢어 주세요.

17 찢어 낸 마스킹 테이프를 다시 붙여 나무 그릇을 표현합니다.

18 칼을 이용해 같은 마스킹 테이프에서 어두운 부분을 가느다란 사다리꼴 모양으로 오려 낸 다음 그릇 위쪽 선에 맞춰 붙여 주세요.

19 그 위로 다시 연한 부분을 같은 방법으로 오려 붙여 줍니다.

20 갈색의 콜라주 마스킹 테이프를 직사각형 모양으로 찢어 그릇 옆에 붙여 주세요.

36

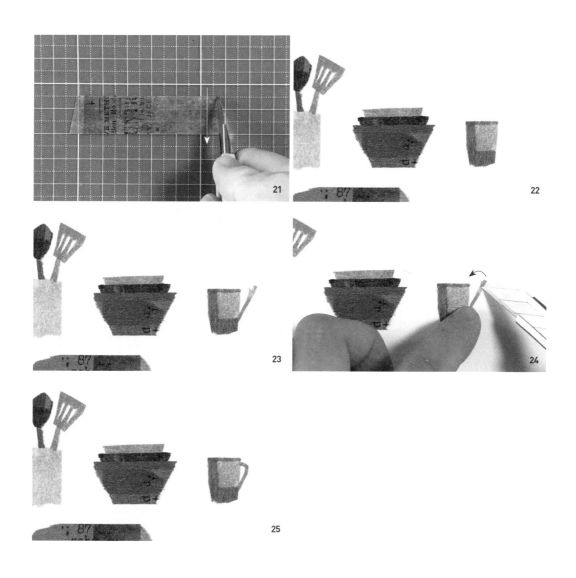

21 같은 마스킹 테이프를 커팅 매트에 찢어 붙인 뒤 화살표 방향으로 가는 선을 오려 주세요.

22 가는 선을 컵 윗부분 길이에 맞춰 손으로 찢은 다음 붙여 주세요. 깔끔하게 마무리되지 않은 컵 윗부분에 가는 선을 붙이면 테두리를 선명하게 표현할 수 있습니다. 붙인 다음 가는 선의 길이가 컵 윗부분보다 길면 칼로 오려 주세요.

23 가는 선을 하나 더 준비해 컵의 오른쪽 아래에 붙여 줍니다.

24 앞서 붙인 부분을 손가락으로 눌러 중심축으로 삼고, 칼로 끝부분을 살짝 눌러 화살표 방향으로 옮겨 주세요. 가는 선의 끝이 컵의 오른쪽 윗부분과 맞닿도록 이동시켜 줍니다.

25 마무리되지 않은 부분은 손톱이나 칼끝으로 다듬어 손잡이를 완성해 주세요.

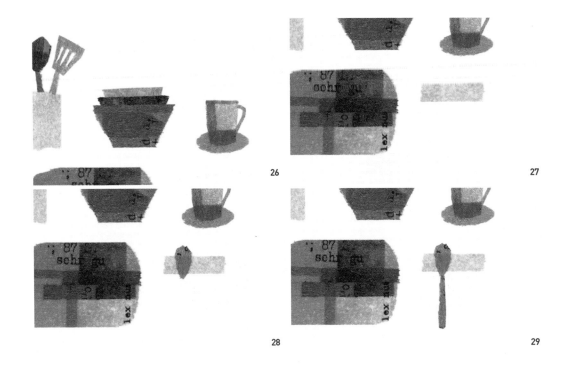

26 마스킹 테이프를 둥글게 찢어서 컵 아랫부분과 겹쳐 붙입니다.

27 갈색의 콜라주 마스킹 테이프 중 연한 부분을 직사각형 모양으로 찢어 도마 옆에 붙여 수저 받침을 표현합니다.

28 같은 마스킹 테이프에서 진한 부분을 물방울 모양으로 찢어 수저받침 위에 겹쳐 붙이세요.

29 같은 색상의 마스킹 테이프를 가늘고 길게 찢어 수저 손잡이를 표현합니다.

30 같은 색상의 마스킹 테이프를 가늘고 길게 오려 젓가락을 표현하면 나무 식기 완성.

소박한 식탁

아침 식사가 귀찮아 끼니를 거르지는 않나요?

간단한 요깃거리와 차 한잔으로 아침에 좋은 습관을 만들어 보세요.

차분한 마음으로 마시는 차 한잔은 온몸에 긍정적인 기운을 불어넣어 주는 것 같아요.

① MT01P203 ② 33 LINDA ③ MT01P208 ④ MT01D277 ⑤ MT01D278 ⑥ 恋文(연애편지)
⑦ EXPRESSIONS C314-P14 ⑧ MTEX1P85 ⑨ MT01P194

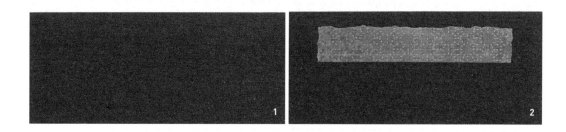

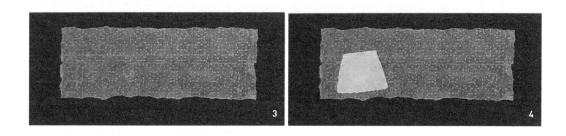

1 갈색 마스킹 테이프①를 종이의 맨 아래부터 붙여 줍니다. 가로로 길게 찢어 위쪽으로 세 번 연결해 붙입니다. 마스킹 테이프가 겹치지 않도록 선을 맞춰 붙여 주세요.

2 반투명한 패턴의 마스킹 테이프②를 가로로 길게 찢어 갈색 마스킹 테이프 위에 겹쳐 붙여 주세요.

3 같은 색상의 마스킹 테이프②를 찢어서 먼저 붙인 마스킹 테이프 아래쪽으로 연결해 붙여 테이블 매트를 표현합니다.

4 흰색 마스킹 테이프③를 사다리꼴로 찢어 주전자의 몸통을 표현한 다음 테이블 매트 왼쪽 끝에 붙여 주세요.

41 **5** 흰색 마스킹 테이프③를 살짝 겹쳐 붙이고 연필로 반원을 스케치합니다.

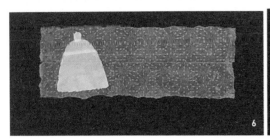

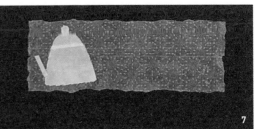

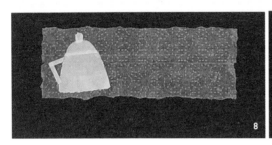

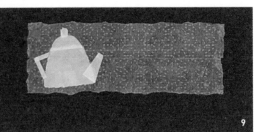

6   스케치한 부분을 손으로 찢어 붙이고 주전자 뚜껑의 중심에 맞춰 흰색 마스킹 테이프③로
    손잡이를 만들어 주세요.

7   흰색 마스킹 테이프③를 칼로 오려 가는 선을 만든 다음 주전자의 왼쪽 아래에 붙여 줍니다.

8   7과 같은 방법으로 손잡이 윗부분을 표현해 주세요.

9   흰색 마스킹 테이프③를 세로가 긴 사다리꼴 모양으로 오려 붙여 주전자 입을 표현합니다.

10 주전자 몸통과 입이 겹치는 부분은 칼로 살짝 오려 내어 주세요.

11　마스킹 테이프③를 타원 모양으로 찢어 컵 받침을 만들어 줍니다.

12　사다리꼴 모양으로 찢은 마스킹 테이프③를 컵 받침과 겹쳐 붙여 줍니다.

13　직사각형의 접시를 만들고 그 위에 세 가지 마스킹 테이프④, ⑤, ⑥를 둥글게 오려 붙여 알록달록한 경단을 표현해 주세요.

14　갈색 마스킹 테이프①를 포크 손잡이 모양으로 찢어 접시 오른쪽 위에 붙여 줍니다.

15　같은 색상의 마스킹 테이프①를 위가 둥근 사다리꼴 모양으로 작게 오려 손잡이와 연결해 붙인 다음 흰색 펜으로 선을 그려 주세요. 칼로 흰색 선을 따라 그어 주세요.

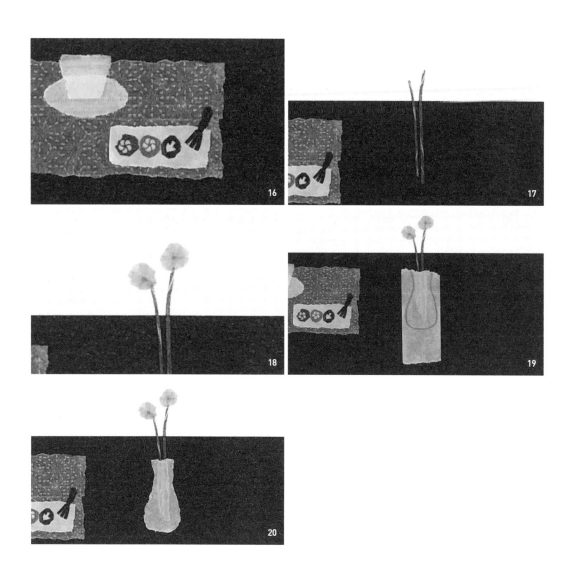

16 칼로 그어진 부분을 살짝 벌리면 포크가 완성됩니다.

17 연두색 패턴 마스킹 테이프(⑦)를 칼로 가늘고 길게 오려 꽃의 줄기를 표현합니다.

18 꽃 모양 패턴의 마스킹 테이프(⑧)를 둥글게 찢어 줄기의 가장 윗부분에 연결해 붙여 주세요.

19 흰색 마스킹 테이프(③)를 줄기 부분과 겹치게 붙인 다음 연필로 화병을 스케치합니다.

20 스케치를 따라 마스킹 테이프를 손으로 찢은 다음 화병을 제자리에 붙여 주세요.

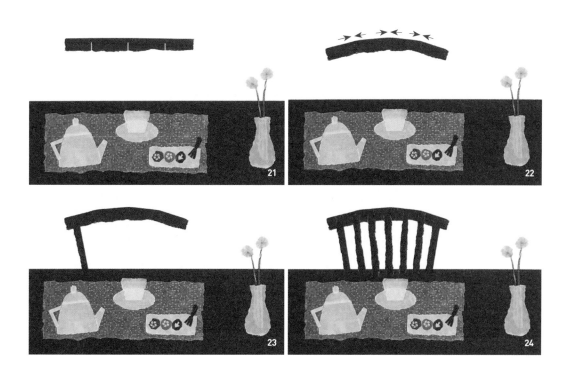

21 식탁과 간격을 두고 갈색 마스킹 테이프①를 찢어서 붙인 다음 흰색 펜으로 중심에 선을 하나 먼저 긋고 등분을 나눠 선을 그어 주세요. 표시된 부분은 칼로 오려 줍니다.

22 칼로 오려 낸 부분을 살짝 떼어 화살표 방향으로 모아 곡선 모양으로 만들어 줍니다.

23 같은 색상의 마스킹 테이프①를 가늘고 길게 찢어 비스듬하게 붙여 줍니다.

24 같은 방법으로 등받이 살이 7개가 되도록 간격을 유지하며 붙여 주세요.
tip 살의 위아래를 길게 찢어 붙여 주세요. 모자란 부분을 채워 붙이는 것보다 길게 붙이고 오려 내는 방법이 간편하고 깔끔합니다.

25 지저분하게 튀어나온 부분은 칼로 오려 깔끔하게 제거해 줍니다.

26 식탁이 완성되었습니다.

27 오른쪽 상단에 테이블 매트와 같은 색상의 마스킹 테이프②를 두 겹 살짝 겹쳐 붙인 다음 연필로 사다리꼴 모양을 스케치해 주세요. 두 겹을 동시에 떼어 내고 스케치를 따라 찢어 줍니다.

28 찢어 낸 마스킹 테이프를 제자리에 붙이고, 칼로 가느다란 선을 오려 전등 위에 붙여 줍니다.

29 노란색 마스킹 테이프⑨를 반원 모양으로 찢어 전등갓 아래에 선을 맞춰 붙여 주면 소박한
식탁 완성.

샐러드

깔끔한 식단을 원한다면 싱그러운 야채들을 가득 모아 샐러드를 만들어 보세요.
알록달록하고 아삭아삭한 야채들은 보고만 있어도 몸이 가벼워지고 건강해질 것 같아요.

① WASH ② MT01P208 ③ EXPRESSIONS C314-P14 ④ collage masking tape GREEN ⑤ MT01P187
⑥ MT01P194 ⑦ MST-MKT01 RED ⑧ MT01P203 ⑨ MT01P207

48

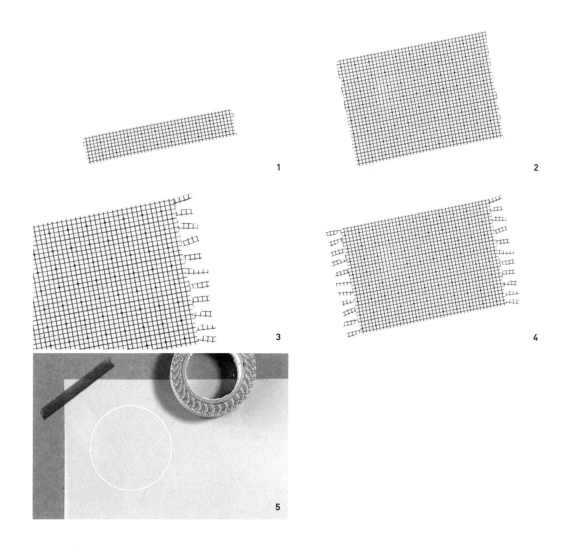

1 마스킹 테이프①를 10cm 이상 찢어 비스듬하게 붙여 줍니다. 이때 마스킹 테이프를 일자로 반듯하게 찢어 주세요.

2 위쪽으로 세 번 더 찢어 붙여 연결해 주세요. 연결할 때 패턴의 위치를 맞춰 붙이면 깔끔하게 정돈된 테이블 매트를 완성할 수 있습니다.

3 같은 색상의 마스킹 테이프①를 손으로 가늘게 찢어 테이블 매트 테두리에 붙이고 술을 표현합니다.

4 반대쪽도 같은 방법으로 찢어서 붙여 주세요.

5 트레이싱 페이퍼에 마스킹 테이프를 대고 흰색 펜으로 테두리를 따라 그려 주세요.

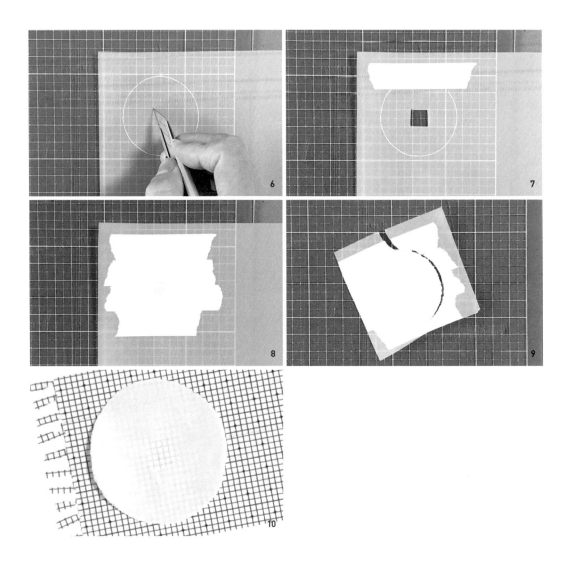

6 트레이싱 페이퍼 아래에 커팅 매트를 깔고 원 가운데에 1cm 크기의 정사각형을 칼로 오려
  주세요.

7 오려 낸 정사각형 트레이싱 페이퍼는 제거하고 원의 위쪽 여백까지 포함해 흰색 마스킹 테
  이프②를 붙여 줍니다.

8 아래쪽으로 세 번 더 마스킹 테이프②를 찢어 붙이면 스케치 선이 가려집니다.

9 마스킹 테이프를 붙인 트레이싱 페이퍼의 일부를 가위로 오리고 스케치 선을 따라 손으로
  조금씩 찢어 주세요.

10 테이블 매트 위에 동그랗게 찢은 마스킹 테이프를 붙여 샐러드 접시를 표현합니다.

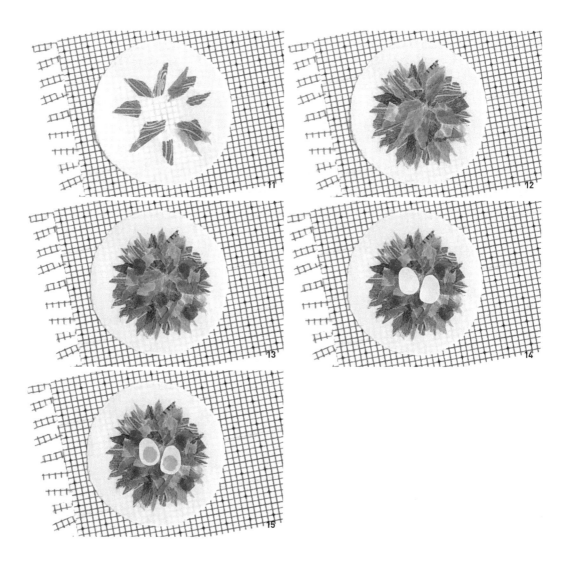

11 초록색 계통의 마스킹 테이프를 두 가지 준비한 다음 두 가지 마스킹 테이프③.④를 불규칙하게 찢어 접시에 듬성듬성하게 붙여 주세요.

12 두 가지 마스킹 테이프③.④를 손으로 찢어 샐러드 야채를 표현합니다.

13 주황색 마스킹 테이프⑤, 노란색 마스킹 테이프⑥를 찢어 붙여 파프리카를 표현하고 빨간색 마스킹 테이프⑦는 둥글게 오려 방울토마토를 표현해 주세요.

14 흰색 마스킹 테이프②를 두 겹 겹쳐 선명하게 만듭니다. 가위로 삶은 계란의 흰자 모양대로 오려 붙입니다.

15 노란색 마스킹 테이프⑥를 동그랗게 오려 흰자 위에 겹쳐 붙여 주세요.

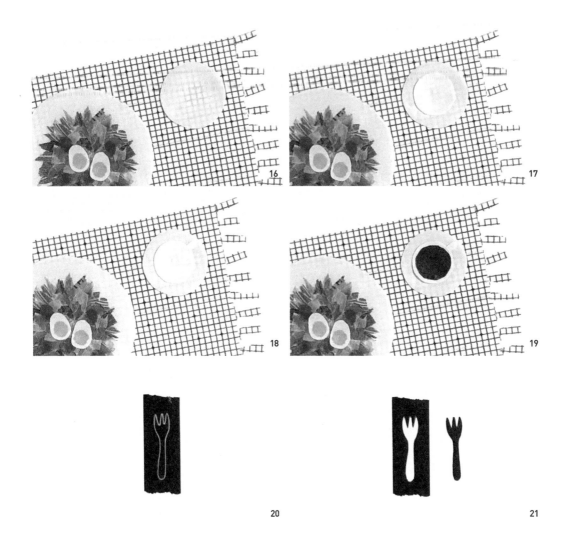

16 5~9를 참고해 원형을 만들어 테이블 매트 오른쪽 상단에 붙여 줍니다.

17 다시 한 번 같은 방법으로 조금 더 작은 원형을 만들어 컵 받침 위에 겹쳐 붙여 주세요.

18 같은 색상의 마스킹 테이프②를 작게 오려 붙여서 컵 손잡이를 표현합니다.

19 갈색 마스킹 테이프⑧를 칼로 동그랗게 오려 내고 컵의 여백이 조금 남도록 가운데에 맞춰
  붙여 주세요.

20 검은색 마스킹 테이프⑨ 위에 흰색 펜으로 포크를 그려 주세요.

21 스케치한 모양대로 칼로 오려 내고 떼어 냅니다.

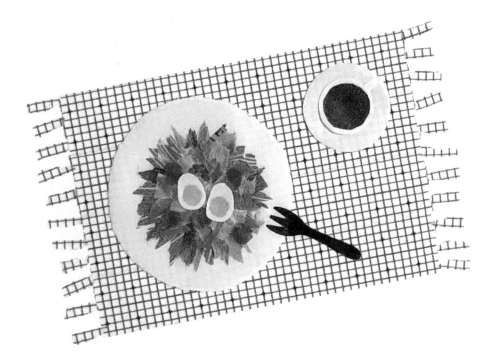

22   포크를 샐러드 접시와 살짝 겹치게 붙이면 샐러드 완성.

신선한 재료

칙칙거리는 밥솥 소리와 함께 탁탁탁 도마 위로 칼질하는 소리,

어릴 적 엄마가 식사를 준비하며 내는 소리는 분명 소음이었는데

어쩜 그렇게 정겹고 행복하게 들렸을까요?

오늘 저녁 어린 시절을 떠올리며 부모님께 신선한 재료로 식사를 대접해 보아요.

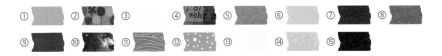

① MT01P200 ② DMTK-SAUL02 ③ MT01P208 ④ collage masking tape BROWN ⑤ MT01P187 ⑥ MT01P194
⑦ MT01P203 ⑧ MST-MKT01 RED ⑨ MT01P204 ⑩ MST-MKT11 ⑪ EXPRESSIONS C314-P14 ⑫ MT01D126
⑬ MT01P193 ⑭ MT01P206 ⑮ MT01P207

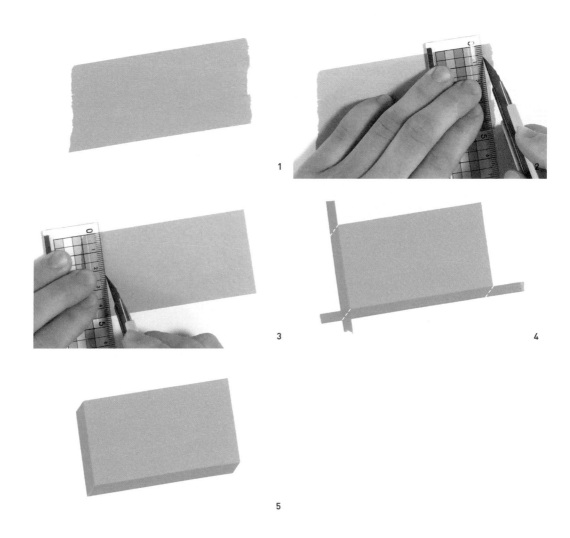

1   베이지색 마스킹 테이프(①)를 8cm 정도 찢어 사선으로 붙여 줍니다. 두 번 더 연결해 붙여 주세요.

2   오른쪽 끝부분에 자를 대고 거칠게 찢어진 부분을 칼로 오려 제거합니다.

3   왼쪽 끝부분도 칼로 오려 제거해 주세요.

4   같은 색상의 마스킹 테이프(①)를 두 겹으로 겹쳐 붙인 다음 칼로 약 0.5cm 폭으로 오려 도마의 왼쪽과 아래쪽 테두리에 맞춰 붙입니다. 각 모서리의 점선을 따라 칼로 오려 주세요.

5   도마의 테두리를 제외하고 오려 낸 마스킹 테이프를 모두 제거하면 도마의 두께가 표현되어 입체감이 뚜렷해집니다.

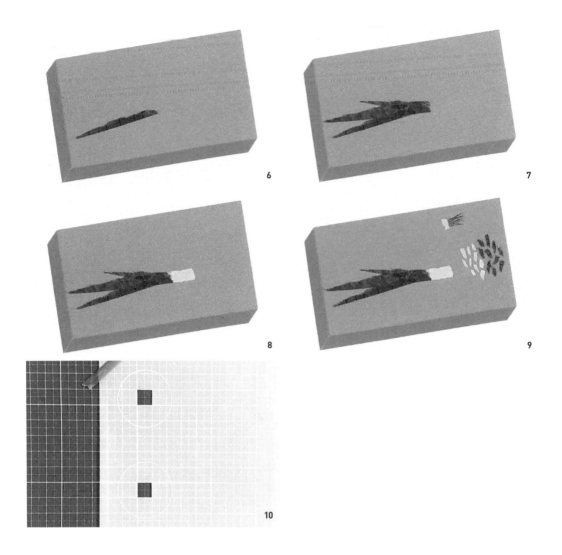

6   초록색 패턴 마스킹 테이프②를 손으로 가늘게 찢어 도마 위에 붙여 주세요.

7   같은 색상의 마스킹 테이프②를 길이와 굵기를 조금씩 다르게 찢어 먼저 붙인 초록색 마스
    킹 테이프의 오른쪽 끝부분에 맞춰 연결해 붙여 주세요.

8   흰색 마스킹 테이프③를 네모나게 찢어 초록색 마스킹 테이프 오른쪽 끝부분에 붙이고 대
    파를 표현합니다.

9   초록색 패턴 마스킹 테이프②와 흰색 마스킹 테이프③를 잘게 찢어 채 썬 파를 표현합니
    다. 도마 오른쪽 상단에 흰색 마스킹 테이프③를 작게 찢어 붙이고 갈색의 콜라주 마스킹
    테이프④를 칼로 가늘게 오려 붙여 파의 뿌리를 표현해 주세요.

10 트레이싱 페이퍼와 커팅 매트를 준비합니다. 트레이싱 페이퍼 위에 마스킹 테이프를 대고
    흰색 펜으로 동그라미 두 개를 간격을 두고 그려 줍니다. 동그라미에 정사각형의 구멍을 만
    들어 주세요.

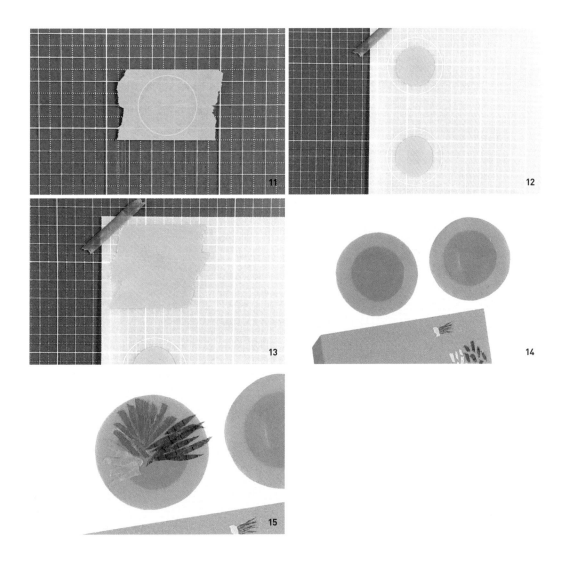

11 트레이싱 페이퍼는 잠시 치워 두고 커팅 매트에 베이지색 마스킹 테이프①를 두 줄로 겹쳐 붙인 다음 작은 동그라미를 그리고 오려 냅니다.

12 오린 동그라미를 떼어 앞서 그린 큰 동그라미 가운데에 중심을 맞춰 붙여 줍니다. 같은 방법으로 아래쪽 큰 동그라미에도 작은 동그라미를 만들어 붙여 주세요.

13 같은 색상의 마스킹 테이프①로 동그라미가 모두 가려지도록 연결해 붙여 주세요. 아래쪽 동그라미도 같은 방법으로 붙입니다.

14 트레이싱 페이퍼에 보이는 스케치 선을 따라 동그라미를 가위로 잘라 준 다음 도마 위쪽에 여백을 두고 붙여 줍니다.

15 주황색, 노란색, 초록색 패턴 마스킹 테이프⑤, ⑥, ②를 가늘고 작게 오려 붙여 다듬은 야채를 표현해 주세요.

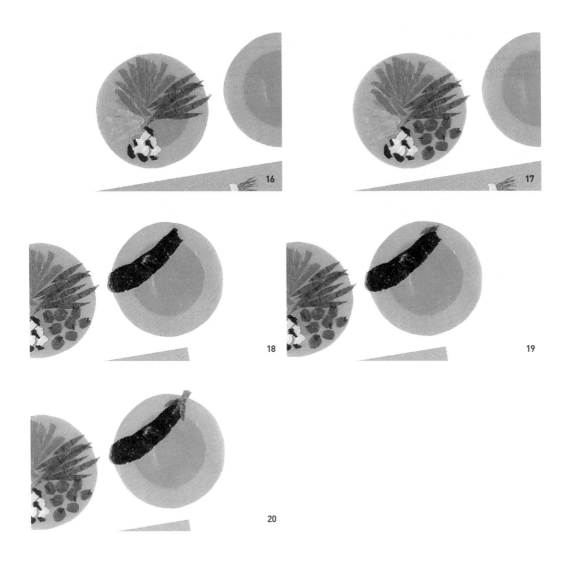

16 흰색과 갈색 마스킹 테이프(③, ⑦)를 작게 찢어 버섯을 표현합니다.

17 버섯 옆에 빨간색 마스킹 테이프(⑧)를 동그랗게 오려 방울토마토를 만들어 주세요. 초록색
   마스킹 테이프(⑨)를 아주 작게 오려서 방울토마토의 꼭지를 표현합니다.

18 어두운 보라색 마스킹 테이프(⑩)를 둥글고 길게 찢어 가지를 표현한 다음 오른쪽 접시 위에
   붙여 주세요.

19 가지의 오른쪽 끝부분에 맞춰 초록색 패턴 마스킹 테이프(②)를 잘게 찢어서 붙여 주세요.

20 같은 색상의 마스킹 테이프를 잘게 찢어 가지 꼭지를 나타냅니다.

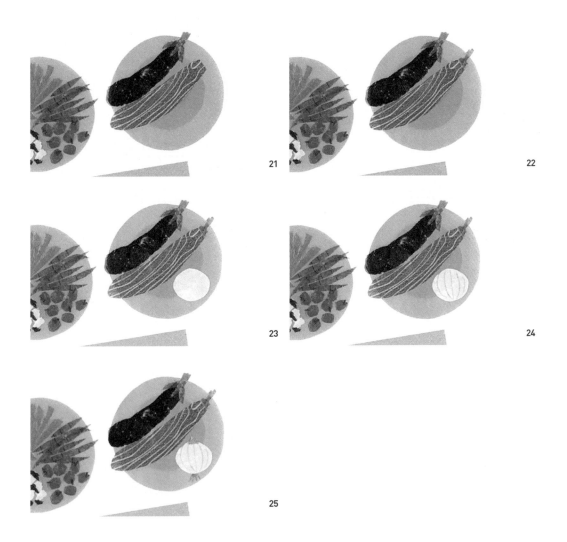

21 연두색 패턴 마스킹 테이프⑪를 가지보다 조금 더 길게 찢어 붙여 주세요.

22 초록색 마스킹 테이프⑨를 작게 찢어 붙여 꼭지를 만들면 애호박이 완성됩니다.

23 흰색 마스킹 테이프③를 동그랗게 오려 붙입니다.

24 연필로 줄을 그려 양파의 결을 표현합니다.

25 연두색 패턴 마스킹 테이프⑫와 갈색의 콜라주 마스킹 테이프④로 양파의 디테일을 표현해 주세요.

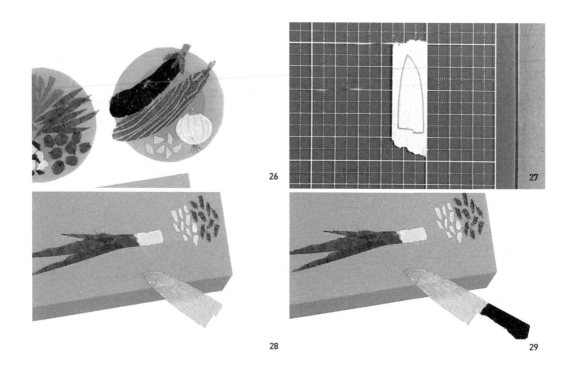

26 연노란색 마스킹 테이프⑬를 삼각형으로 작게 오려 마늘을 표현합니다.

27 커팅 매트에 은색 마스킹 테이프⑭를 붙이고 연필로 칼을 스케치해 주세요.

28 스케치한 부분을 따라 칼로 오려 내고 도마와 살짝 겹치도록 붙여 줍니다.

29 검은색 마스킹 테이프⑮를 네모나게 찢어서 붙여 칼 손잡이를 만들어 주세요.

30 은색 마스킹 테이프⑭를 아주 조금 오려 칼 손잡이 끝부분에 붙이면 신선한 재료 완성.

| Cook |

앞
치
마

앞치마를 두르면 왠지 모르게 준비 완료가 된 기분이 들어요.

요리 실력이 별로 없는데도 오늘은 뭔가 제대로 만들어 낼 것 같기도 하고 말이죠.

오늘 한번 제대로 도전해 볼까요?

① ② ③  ④ ⑤ ⑥

① MST-MKT180-PK ② MT01P203 ③ MT01D236 ④ MT01P187 ⑤ MT01P201 ⑥ MT01P193

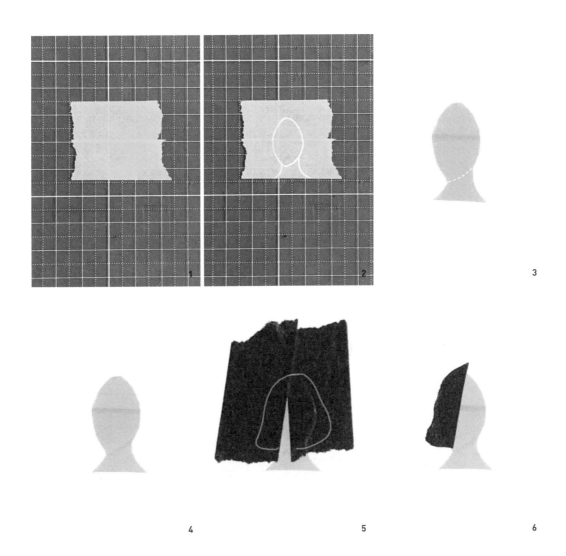

1 커팅 매트에 살구색 마스킹 테이프① 두 겹을 가운데가 조금 겹치게 붙여 줍니다.

2 흰색 펜으로 동그란 얼굴과 목선을 스케치하고 스케치 선을 따라 칼로 오려 냅니다.

3 칼로 오려 낸 마스킹 테이프를 종이에 붙이고 점선을 따라 칼로 오려 주세요.

4 얼굴 부분을 떼었다가 목 윗부분과 살짝 겹치게 붙여 턱 선을 표현합니다.

5 얼굴 중심을 기준으로 갈색 마스킹 테이프②를 윗부분이 조금 겹치게 붙인 뒤 손가락으로 얼굴 부분을 살살 눌러 보세요. 아래에 얼굴 테두리가 연하게 표시됩니다. 연하게 비친 테두리를 보고 흰색 펜으로 헤어스타일을 스케치한 후 갈색 마스킹 테이프는 잠시 떼어 냅니다.

6 왼쪽 머리카락부터 스케치한 모양대로 찢어 얼굴에 맞춰 붙여 주세요.

7   얼굴과 겹친 부분은 칼로 오려 제거합니다.

8   오른쪽 머리카락도 같은 방법으로 찢어서 붙인 다음 마스킹 테이프 위로 비친 얼굴 테두리
       보다 안쪽으로 점선과 같이 칼로 오려 냅니다.

9   칼로 오려 낸 부분을 제거하면 헤어스타일이 완성됩니다.

10   남색 패턴 마스킹 테이프③로 앞치마의 어깨끈을 만들어 주세요.

11   어깨끈 아래에 같은 색상의 마스킹 테이프③를 붙이고 흰색 펜으로 길이를 표시해 주세요.

12   표시된 선을 따라 찢어 붙이면 앞치마의 가슴 부분이 완성됩니다.

13 같은 패턴의 마스킹 테이프③를 앞치마의 가슴 부분보다 여유 있게 찢어 겹치지 않도록 네 번 연결해 붙여 주세요.

14 흰색 펜으로 치마를 스케치하고 위쪽 마스킹 테이프부터 떼어 스케치대로 찢어 줍니다.

15 하나씩 차례대로 찢어 붙여 앞치마를 완성합니다.

16 주황색 마스킹 테이프④를 앞치마 일부분과 겹쳐 붙이고 소매를 스케치합니다.

17 앞치마와 겹친 부분을 칼로 오려 낸 다음 스케치대로 찢어 소매를 표현합니다.

18 16과 같은 방법으로 주황색 마스킹 테이프④를 붙이고 흰색 펜으로 소매를 스케치한 뒤 스케치대로 찢어 붙여 주세요. 점선을 따라 칼로 오려 소매와 겹친 부분의 앞치마를 제거합니다. 이때 소매가 아닌 앞치마를 오려 주세요.

19   칼로 오려 낸 소매를 살짝 들고 겹친 앞치마 부분의 마스킹 테이프를 제거하면 소매가 선명하게 표현됩니다.

20   살구색 마스킹 테이프①를 목 아랫부분에 연결해 붙이고 흰색 펜으로 반원을 그려 주세요.

21   스케치한 부분을 칼로 오린 뒤 반원을 제외한 나머지 마스킹 테이프를 제거합니다.

22   임시로 사용할 마스킹 테이프를 목 위에 세로로 붙인 다음 주황색 마스킹 테이프④를 임시 마스킹 테이프와 살짝 겹치게 가로로 붙이고 점선을 따라 칼로 오려 주세요.

23   임시 마스킹 테이프를 살살 떼어 냅니다.

24   앞치마와 겹친 부분을 마저 제거해 티셔츠의 네크라인을 표현합니다.

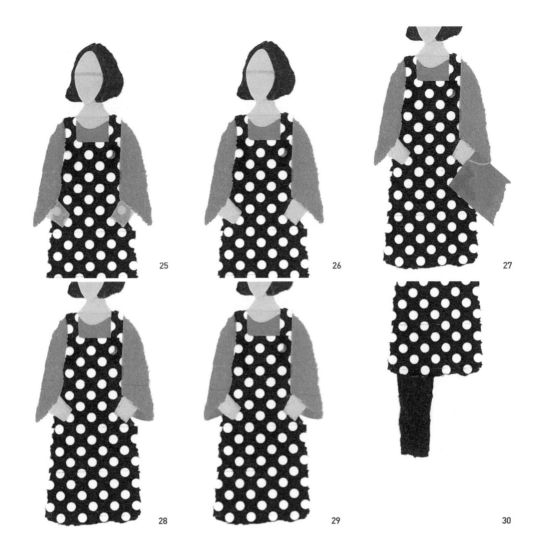

25 살구색 마스킹 테이프①를 사각형으로 오리고 소매 끝에 맞춰 붙여 주세요.

26 팔과 겹친 앞치마를 칼로 오리고 떼어 팔을 선명하게 표현합니다.

27 주황색 마스킹 테이프④를 조금 찢어 소매 끝과 팔목에 맞춰 붙이고 흰색 펜으로 소매 디
    테일을 그려 주세요.

28 소매 디테일을 칼로 오려 내면 입체적인 소매를 표현할 수 있습니다.

29 반대쪽도 같은 방법으로 표현해 주세요.

30 갈색 마스킹 테이프②의 테두리를 조금씩 찢어 바지의 곡선을 표현하고 앞치마 밑에 붙여
    주세요.

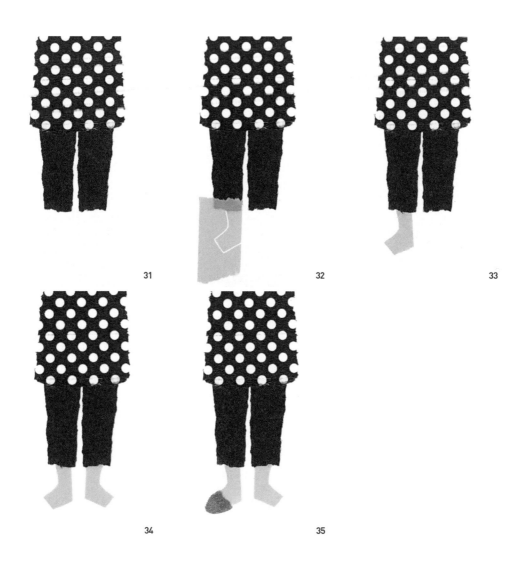

31　같은 방법으로 한 번 더 찢어 붙여 줍니다.

32　살구색 마스킹 테이프(①)를 바지 밑단에 붙인 뒤 흰색 펜으로 발목을 스케치해 주세요.

33　스케치한 모양대로 칼로 오려 줍니다.

34　같은 방법으로 한 번 더 붙이고 발목을 그린 뒤 칼로 오려 주세요.

35　카키색 마스킹 테이프(⑤) 한쪽을 둥글게 찢어 발등과 살짝 겹치게 붙여 주세요.

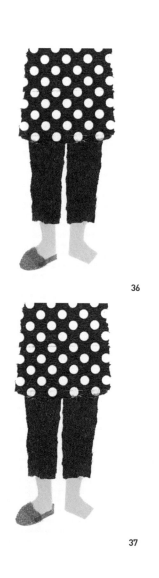

36 같은 색상의 마스킹 테이프⑤를 일자로 작게 오린 다음 발바닥에 맞춰 붙여 줍니다.

37 조금 더 가늘게 오려 뒤꿈치에도 붙여 주세요.

38 같은 방법으로 반대쪽 신발을 만들고 머리에 연노란색 마스킹 테이프⑥를 가늘게 오려 머리핀을 붙이면 앞치마 완성.

Part 2

산책을
하다

담벼락

담벼락에 활짝 핀 능소화가 보이면

가던 걸음을 잠시 멈춰 담벼락의 온 풍경을 고스란히 느껴 보세요.

일상 속에서 무심코 지나치던 풍경이 이렇게 아름다웠나 감탄하게 될 거예요.

① MT01D226 ② MT01P203 ③ collage masking tape GREEN ④ MT01D116

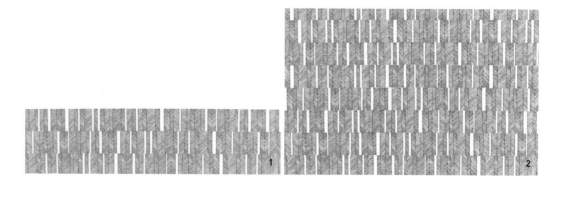

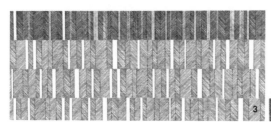

1 회색 패턴 마스킹 테이프①를 종이의 맨 아래부터 붙여 줍니다. 위쪽으로 겹치지 않게 세 번 연결해 붙여 주세요.

2 위쪽으로 겹치지 않게 선을 맞춰 다섯 번 더 이어 붙입니다.

3 맨 위에 붙인 마스킹 테이프에 회색 패턴 마스킹 테이프①를 한 번 더 겹쳐 붙여 진하게 표현해 주세요.

4 갈색 마스킹 테이프②를 직사각형 모양으로 찢은 다음 담벼락 위쪽 선에 맞춰 붙여 줍니다.

5 같은 색상의 마스킹 테이프②를 뾰족하게 찢어 붙여 나무줄기를 표현합니다.

6 반대쪽에도 붙여 줍니다.

7 뾰족한 형태로 가늘게 찢어 나무줄기와 살짝 겹치게 붙여 주세요.

8 초록색의 콜라주 마스킹 테이프③를 나뭇잎 모양으로 작게 찢어 나뭇가지 주변에 붙입니다.

9 비슷한 크기와 형태로 계속 찢어 붙입니다.

10 전체적으로 둥근 형태가 될 때까지 붙여 주세요.

11 　같은 색상의 마스킹 테이프③를 나뭇잎 모양으로 찢어 담벼락과 겹쳐 붙여 주세요.

12 　담벼락 위로 계속 이어 붙여 줍니다.

13 　둥근 형태가 될 때까지 계속 찢어 붙여 주세요.

14 　같은 색상의 마스킹 테이프③를 칼로 가늘게 오려 냅니다. 길이를 다르게 자른 다음 나뭇잎 아래에 붙여 줄기를 표현합니다.

　15 　가는 선을 짧게 자른 다음 가로로 붙여 마디를 표현해 주세요.

16 다른 쪽 줄기에도 붙여 마디를 표현합니다.

17 주황색 패턴 마스킹 테이프④를 동그스름하게 찢어 나뭇잎 위에 붙여 주세요.

18 듬성듬성 찢어 붙여 능소화를 표현합니다.

19 같은 색상의 마스킹 테이프④를 작게 찢어 줄기 마디에도 붙여 주세요.

20 마디에 꽃을 더 붙여 준 다음 초록색의 콜라주 마스킹 테이프③를 작게 찢어 붙여 꽃봉오리
       를 표현합니다.

21   다른 쪽 줄기에도 꽃을 붙여 주세요. 담벼락 완성.

민들레

아스팔트 틈새로도 꽃을 피우는 민들레,

길가에 활짝 핀 노란 민들레의 강인한 생명력은 대단하고 아름답게까지 느껴집니다.

민들레처럼 오늘 하루도 꿋꿋하고 씩씩하게 한 발 한 발 힘차게 뻗어 보아요.

① MT01D054 ② collage masking tape GREEN

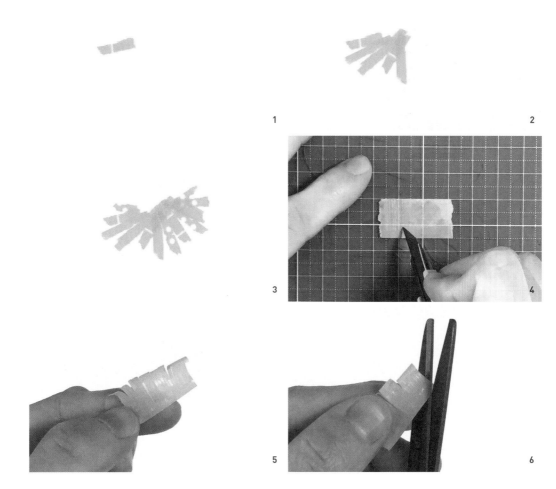

1 노란색 패턴 마스킹 테이프①를 네모난 모양으로 작게 찢어서 붙여 주세요.

2 같은 색상의 마스킹 테이프①를 불규칙한 길이로 찢은 다음 1에서 붙인 마스킹 테이프를 기준으로 시계 반대 방향으로 붙여 나갑니다.

3 계속 연결해 찢어 붙여 반원 모양의 꽃잎을 만들어 주세요.

4 커팅 매트에 같은 색상의 마스킹 테이프①를 앞서 붙인 꽃잎의 가로 길이만큼 찢어 붙입니다. 위에서부터 아래로 여러 개의 선을 그어 주되 아래쪽을 조금 남기고 잘라 주세요.

5 커팅 매트에서 마스킹 테이프를 살살 떼어 내세요.

6 자르지 않은 아래쪽 모서리의 뾰족한 부분을 잘라 주세요.

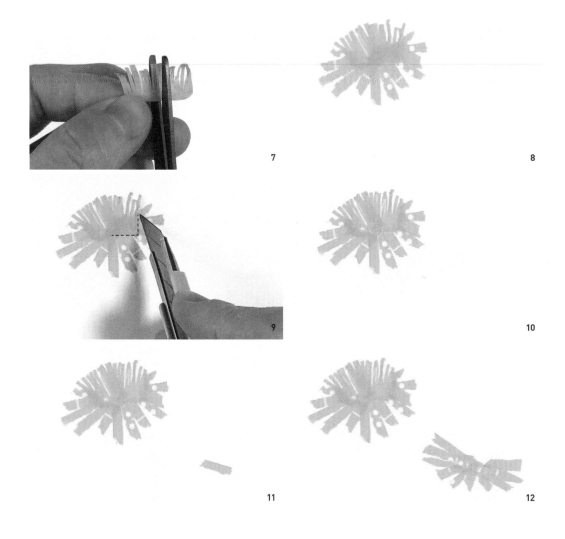

7   가위로 가운데를 잘라 줍니다.

8   오려 낸 마스킹 테이프를 민들레 꽃잎 위쪽에 하나씩 붙여 수술을 표현합니다. 이때 일자로 붙이지 말고 사선으로 가운데를 겹쳐 붙여 전체적으로 둥그스름하게 만들어 주세요.

9   겹쳐 붙여 색이 눈에 띄게 진해진 부분을 칼로 오려 낼 거예요. 점선을 따라 칼로 오려 낸 뒤 겹쳐진 윗부분을 살짝 떼어 낸 다음 아랫부분의 꽃잎을 제거합니다.

10   살짝 떼어 낸 윗부분의 마스킹 테이프를 다시 제자리에 붙입니다.

11   민들레를 한 송이 더 만들 거예요. 앞서 만든 것과 같은 방법으로 노란색 패턴 마스킹 테이프(①)를 작게 찢어 붙여 주세요.

12   계속 찢고 이어서 붙여 줍니다.

13 4~10을 참고해 수술을 꽃잎 위쪽에 붙여 주세요.

14 초록색의 콜라주 마스킹 테이프②를 손으로 가늘고 길게 찢어 꽃 아래쪽 가운데에 맞춰 붙여 주세요.

15 왼쪽 꽃잎 아래에 초록색의 콜라주 마스킹 테이프②를 끝이 뾰족한 형태로 작게 찢어 꽃대 끝에 맞춰 하나씩 붙여 줍니다.

16 꽃잎과 겹친 마스킹 테이프는 위에 비치는 꽃잎 선을 따라 칼로 오리고 떼어 주세요.

17 가운데에 초록색의 콜라주 마스킹 테이프②를 하나 더 찢어 붙입니다.

18 겹친 부분은 칼로 오려 내고 떼어 주세요.

19 같은 방법으로 두 개 더 만들어 총포를 표현합니다.

20 다른 쪽 꽃잎 아래에도 총포를 만들어 주세요.

21 초록색의 콜라주 마스킹 테이프② 중 진한 부분을 불규칙하게 굴곡을 줘 찢은 다음 민들레
    꽃대 아랫부분에 비스듬히 겹쳐 붙입니다.

22 다른 쪽 꽃대 아래에도 붙여 주세요.

23 주변에 울퉁불퉁하고 불규칙한 형태로 잎을 찢어 붙여 주세요. 민들레 완성.

벤치

여러 생각으로 몸과 마음이 좀처럼 쉬지 못해 결국 모든 일에 무기력해진 적은 없으신가요?

벤치에 멍하니 앉아 몸과 마음을 정화하는 시간이 이제는 꼭 필요한 것 같아요.

생각을 정리해야 한다는 생각도 필요 없이 가만히 앉아서 하늘과 나무를 둘러보세요.

마음이 한결 편안해질 거예요.

① MT01P202 ② MT01P203 ③ collage masking tape GREEN ④ MT01P187 ⑤ MT01P186 ⑥ MT01P194

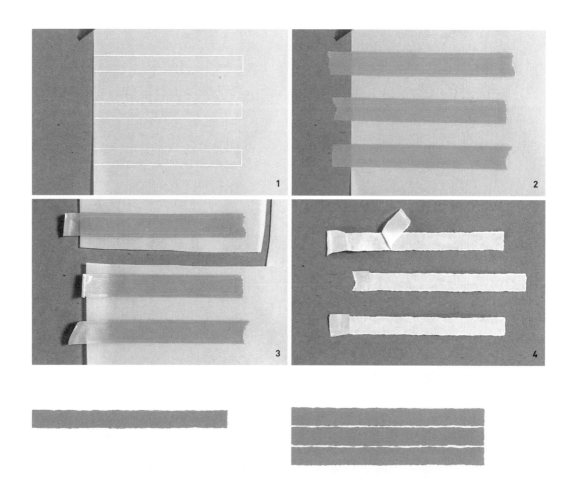

1 트레이싱 페이퍼에 흰색 펜으로 가로가 긴 직사각형 3개를 같은 크기로 그려 주세요. 간격을 여유 있게 두고 그려 줍니다.

2 코르크 색상의 마스킹 테이프①를 여유 있게 찢어 붙여 스케치한 부분을 모두 가립니다.

3 손으로 찢기 수월하도록 가위로 트레이싱 페이퍼 일부를 오려 내고 뒷면에 비치는 스케치 선을 따라 조금씩 손으로 찢어 냅니다. 나머지도 똑같은 방법으로 찢어 주세요.

4 마스킹 테이프에 붙은 트레이싱 페이퍼를 떼어 제거합니다.

5 트레이싱 페이퍼를 떼어 낸 마스킹 테이프의 왼쪽 끝이 종이 바깥으로 튀어나오도록 옮겨 붙여 줍니다.

6 나머지 마스킹 테이프도 트레이싱 페이퍼를 제거한 뒤 간격을 조금 두고 차례대로 붙여 벤치 등받이를 표현합니다.

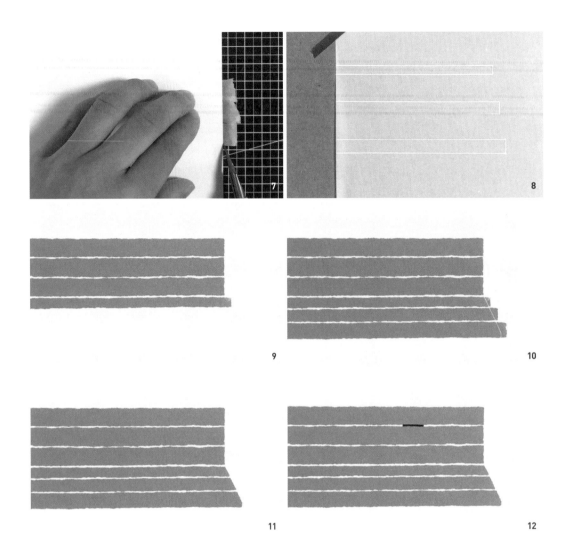

7 종이를 뒤집어 종이 바깥으로 튀어나온 마스킹 테이프를 칼로 오려 냅니다.
   tip 마스킹 테이프를 종이 뒤로 접어 붙여 놓았다가 맨 마지막에 떼어 칼로 한 번에 오려 내는 방법도 있습니다.

8 트레이싱 페이퍼에 1에서 그린 직사각형보다 가로가 조금 더 긴 직사각형을 3개 그려 줍니다. 아래로 갈수록 세로는 더 높게 가로는 더 길게 변화를 주면서 그려 주세요.

9 스케치한 직사각형에 마스킹 테이프①를 붙이고 손으로 찢어 트레이싱 페이퍼를 제거한 다음 벤치 등받이 아래쪽에 간격을 두고 붙여 주세요.

10 같은 방법으로 나머지도 연달아 붙여 준 뒤 흰색 펜으로 칼로 오려 낼 부분을 스케치합니다. 대각선으로 그리되 가장 아래쪽은 수직으로 그려 주세요.

11 칼로 오려 내고 바깥쪽 마스킹 테이프를 제거합니다.

12 갈색 마스킹 테이프②를 가늘게 오려 등받이 여백에 붙여 주세요.

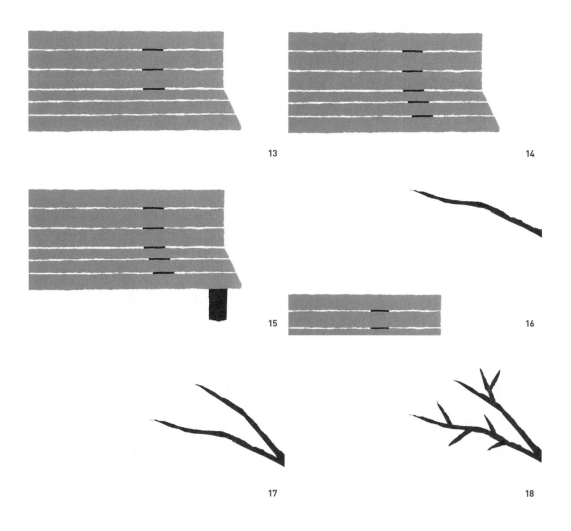

13 같은 방법으로 아래쪽 여백에도 붙여 줍니다.

14 같은 방법으로 갈색 마스킹 테이프②를 오려 벤치 여백에 붙이는데 이번에는 비스듬한 사선 방향으로 붙여 주세요.

15 갈색 마스킹 테이프②를 직사각형으로 찢어 의자 다리를 표현합니다.

16 같은 색상의 마스킹 테이프②를 길고 가늘게 찢어 벤치 위 여백에 붙여 줍니다.

17 한 번 더 찢어 붙여 주세요.

18 뾰족한 형태로 작게 찢어 붙여 나뭇가지를 표현합니다.

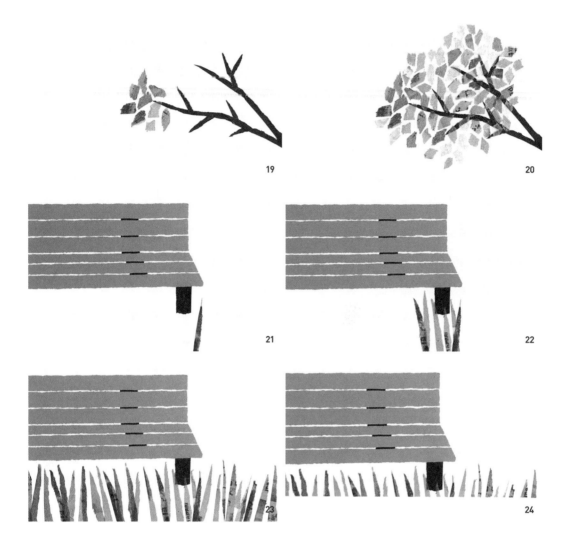

19 초록색의 콜라주 마스킹 테이프③를 불규칙하게 찢어 나뭇가지 주변에 붙이고 나뭇잎을 표현합니다.

20 같은 마스킹 테이프의 진한 부분과 연한 부분을 활용해 둥그스름한 형태로 계속 붙여 나무를 완성합니다.

21 벤치 아래쪽으로 초록색의 콜라주 마스킹 테이프③를 가늘고 뾰족한 형태로 찢어 붙입니다.

22 계속해서 찢어 준 다음 불규칙하게 붙여 주세요.

23 아래쪽 여백에 모두 붙여 줍니다.

24 자를 대고 칼로 깔끔하게 오려 잔디를 표현합니다.

25

26

25 주황색 마스킹 테이프④와 연보라색 마스킹 테이프⑤를 둥글게 찢어 벤치 옆 잔디 위에 붙여 줍니다.

26 주황색과 연보라색 마스킹 테이프 가운데에 노란색 마스킹 테이프⑥를 작게 찢어 위로 겹쳐 붙여 꽃을 표현해 주세요. 벤치 완성.

하늘

고개를 들어 하늘도 보고 날아가는 새를 보며 하루를 보내 보세요.
늘 같은 일상이라 무엇이 다를까 싶은 마음이 들 수도 있어요.
하지만 고개를 들고 하늘을 바라보면 어제와 다른 하늘이,
매일매일 다른 모습의 하늘이 움직이며 우리를 반겨 주고 있답니다.

① MT01P306 ② MT01P208 ③ collage masking tape GREEN ④ MT01P199

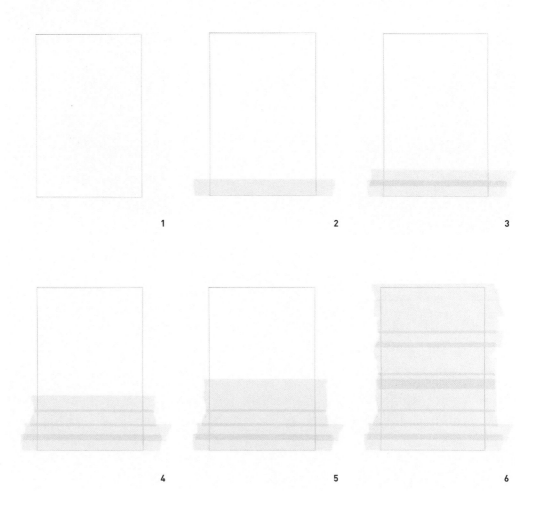

1   연필로 직사각형 프레임을 그려 주세요.

2   하늘색 마스킹 테이프(①)를 프레임 아래 테두리에 맞추고 길이를 여유 있게 찢어 붙입니다.

3   같은 색상의 마스킹 테이프(①)를 한 번 더 찢어 아래쪽 마스킹 테이프와 겹치게 붙여 주세요.

4   마스킹 테이프(①)를 여유 있게 찢어 프레임 아래에서 위로 붙여 줍니다.

5   일부는 겹치지 않게 선을 맞춰 붙여 주세요.

    6   마스킹 테이프(①)를 붙여 직사각형 프레임을 모두 채우고 가립니다.

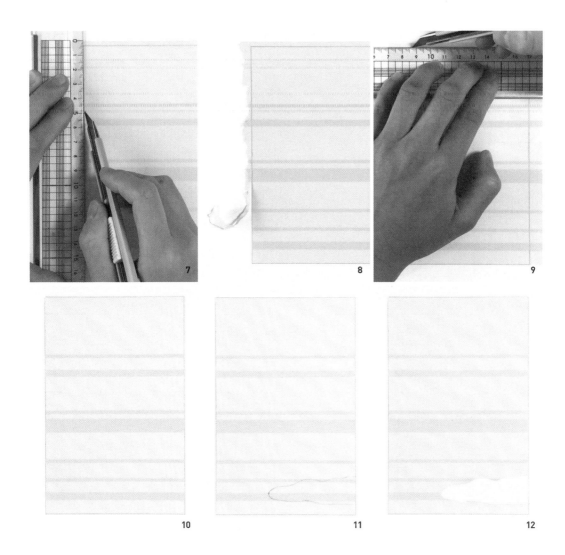

7 프레임 테두리에 자를 대고 칼로 오려 주세요.

8 프레임 바깥으로 튀어나온 마스킹 테이프는 조심스럽게 떼어 냅니다.

9 같은 방법으로 프레임 바깥쪽 마스킹 테이프를 칼로 오려 제거합니다.

10 하늘 바탕이 완성되었습니다.

11 연필로 구름을 스케치해 주세요.

12 칼로 스케치 선을 따라 오려 냅니다. 이때 스케치 자국이 남지 않도록 스케치 안쪽이 아닌
   바깥쪽에 칼을 대고 오려 주세요. 오려 낸 마스킹 테이프는 떼어 제거합니다.

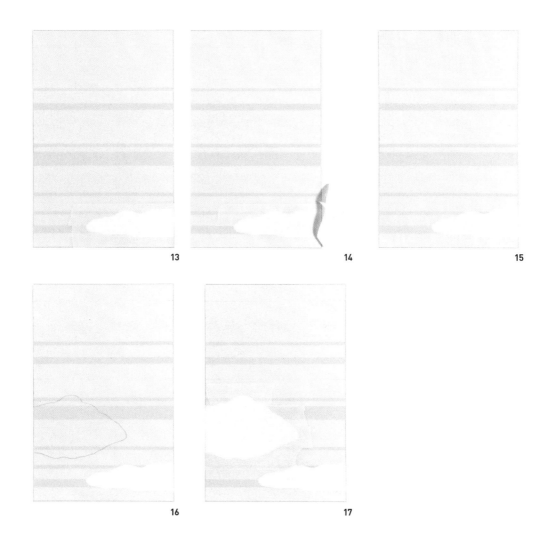

13   흰색 마스킹 테이프②를 구름이 모두 가려지도록 붙여 주세요.

14   구름 아래쪽을 따라 칼로 오려 내고 구름 바깥쪽의 흰색 마스킹 테이프는 제거해 주세요.

15   구름 위쪽도 칼로 오려 마스킹 테이프를 제거하면 구름이 완성됩니다.

16   연필로 더 큰 구름을 스케치합니다.

17   같은 방법으로 스케치 선을 따라 칼로 오려 낸 다음 흰색 마스킹 테이프②를 붙여 줍니다.

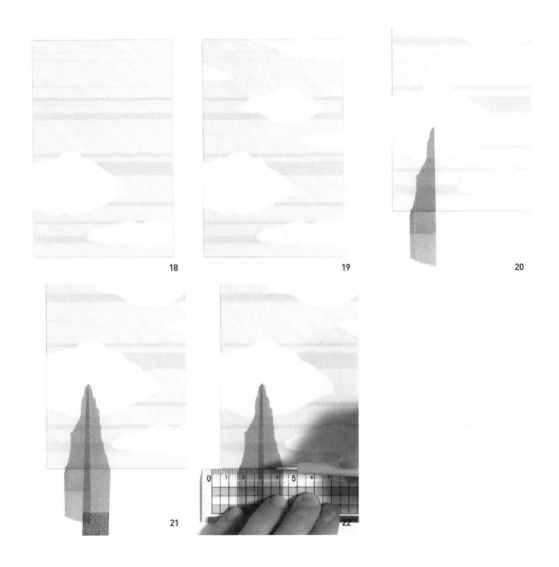

18 비치는 구름 모양을 따라 칼로 오려 내고 마스킹 테이프를 제거해 주세요.

19 같은 방법으로 구름을 여러 개 만들어 줍니다.

20 초록색의 콜라주 마스킹 테이프(③)를 위쪽이 뾰족한 형태가 되도록 사선으로 찢은 다음 세
    로로 붙입니다.

21 같은 색상의 마스킹 테이프(③)를 사선으로 찢고 대칭이 되도록 겹쳐 붙여 주세요.

22 프레임 바깥으로 튀어나온 마스킹 테이프는 자를 대고 칼로 반듯이 오려 냅니다.

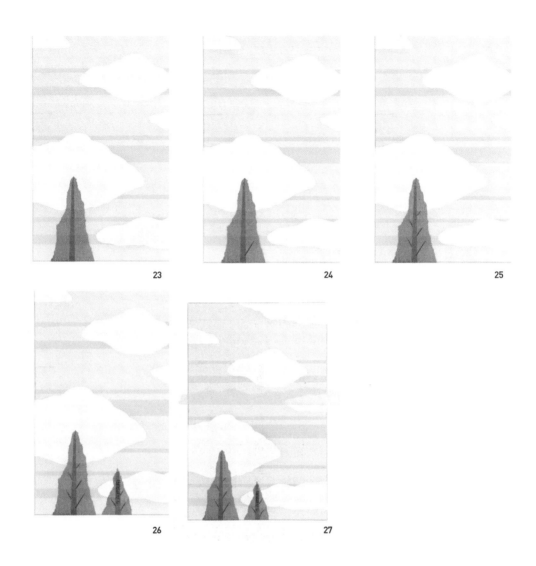

23 오려 낸 마스킹 테이프를 제거해 나무를 표현합니다.

24 마스킹 테이프가 겹친 부분에 초록색의 콜라주 마스킹 테이프③ 중 진한 부분을 가늘게 오려 사선으로 붙여 주세요.

25 마스킹 테이프③를 칼로 가늘게 오려 붙여 나뭇가지를 표현하면 나무 한 그루가 완성됩니다.

26 같은 방법으로 작은 나무를 한 그루 더 만들어 주세요.

27 하늘 바탕을 만들 때 겹치지 않게 붙인 부분이 있습니다. 하늘색 마스킹 테이프①를 자유로운 곡선 모양으로 찢어 붙입니다.

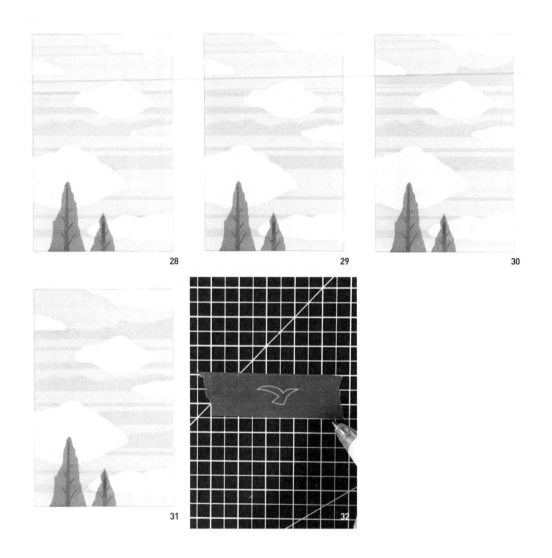

28 프레임 바깥으로 튀어나온 마스킹 테이프는 칼로 오려 제거합니다.

29 구름과 겹친 하늘색 마스킹 테이프도 칼로 오려 제거합니다.

30 위쪽 하늘 바탕에도 거친 곡선 모양으로 찢어 붙인 뒤 이전과 같은 방법으로 프레임 바깥으로 나온 부분, 구름과 겹친 부분을 오려 제거해 주세요.

31 아래쪽 여백에도 같은 방법으로 한 번 더 표현해 주세요.

32 커팅 매트에 먹색 마스킹 테이프④를 붙이고 흰색 펜으로 새를 그립니다.

33 스케치 선을 따라 칼로 오린 뒤 구름 위에 붙여 주세요.

34 같은 방법으로 한 마리 더 만들어 붙여 주면 하늘 완성.

강아지와 함께

강아지와의 산책은 반려인에게 중요한 하루 일과죠.
강아지와 함께 산책을 하며 서로의 친밀도를 높이고
기분 좋은 산책으로 강아지의 건강도 지켜 주세요.

① MST-MKT180-PK ② MT01P203 ③ MT01D119 ④ MT01P201 ⑤ MT01D280 ⑥ MT01P200 ⑦ MT01D282
⑧ collage masking tape GREEN

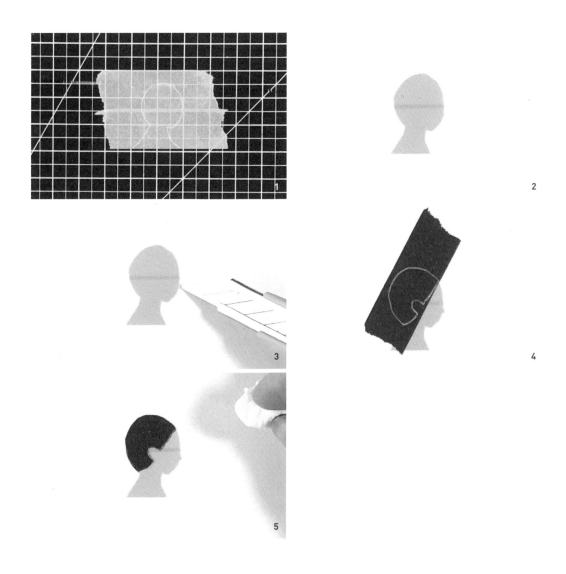

1　커팅 매트에 살구색 마스킹 테이프①를 가운데가 살짝 겹치게 붙여 주세요. 흰색 펜으로 동
　　그란 측면 얼굴과 목을 그립니다. 스케치 선을 따라 오린 다음 떼어 주세요.

2　떼어 낸 마스킹 테이프를 종이에 옮겨 붙입니다.

3　같은 색상의 마스킹 테이프①를 삼각형 모양으로 아주 작게 오려 낸 다음 얼굴 오른쪽 끝에
　　붙여 코를 만들어 주세요.

4　갈색 마스킹 테이프②를 머리와 목 뒤쪽에 사선으로 붙여 주세요. 흰색 펜으로 귀와 헤어스
　　타일을 그려 줍니다. 칼로 스케치 선을 따라 오려 낸 다음 머리카락을 제외한 나머지 부분의
　　마스킹 테이프는 떼어 제거합니다.

5　스케치 선이 남아 있다면 휴지 끝에 물을 조금 묻혀 살살 문질러 지워 주세요.

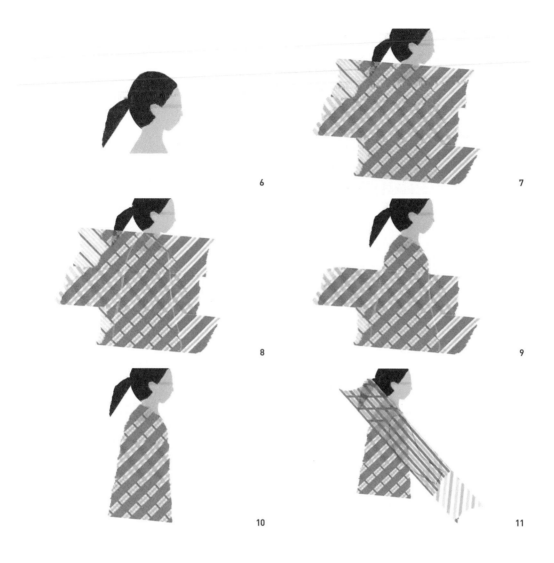

6   갈색 마스킹 테이프②를 적당히 찢어 묶은 머리를 표현합니다.

7   주황색 패턴 마스킹 테이프③를 얼굴 크기보다 여유 있게 찢은 다음 목과 겹치게 붙여 주세
   요. 아래쪽으로 두 번 더 찢어 붙이되 서로 겹쳐지지 않도록 선을 맞춰 붙입니다.

8   흰색 펜으로 몸통을 스케치하고 가장 위쪽 마스킹 테이프부터 떼어 선을 따라 찢어 줍니다.

9   8에서 찢은 마스킹 테이프를 아래쪽 스케치 선에 맞춰 제자리에 붙여 줍니다. 나머지 마스
   킹 테이프도 하나씩 차례대로 떼어 내고 선을 따라 찢어 주세요.

10   하나씩 차례대로 맞춰 붙여 몸통을 표현합니다.

11   같은 색상의 마스킹 테이프③를 사선으로 붙인 다음 연필로 소매를 스케치합니다. 스케치
   선을 따라 칼로 오려 내고 소매를 제외한 마스킹 테이프는 제거합니다.

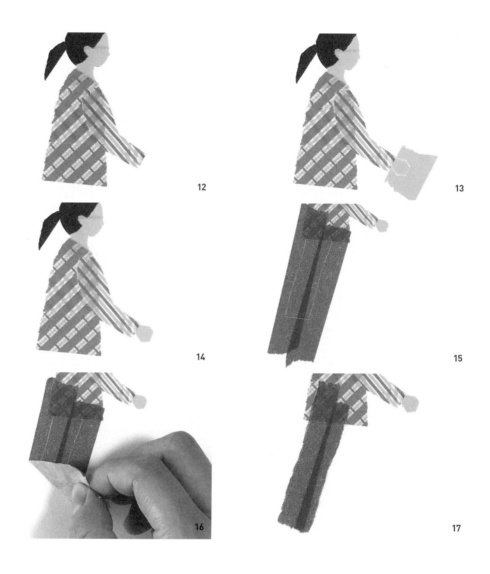

12 소매에 연필로 스케치한 흔적이 남아 있다면 지우개로 살살 지워 줍니다.

13 살구색 마스킹 테이프①를 소매 끝에 붙인 뒤 주먹을 스케치하고 칼로 오려 냅니다. 이때 주먹은 각진 모양으로 표현해 주세요.

14 오려 낸 마스킹 테이프는 제거합니다.

15 카키색 마스킹 테이프④를 비스듬하게 붙입니다. 가운데가 살짝 겹치게 붙이고 흰색 펜으로 바지 한쪽을 스케치합니다.

16 스케치한 마스킹 테이프 두 겹을 동시에 떼어 냅니다. 이때 더 넓게 겹친 방향부터 떼어 주세요. 떼어 낸 마스킹 테이프는 스케치 선을 따라 찢어 줍니다.

17 찢어 낸 마스킹 테이프를 다시 제자리에 붙입니다.

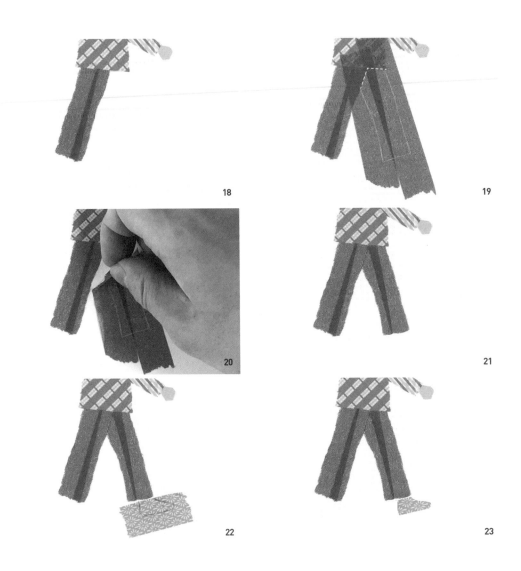

18 상의와 겹친 부분은 칼로 오려 내고 제거해 주세요.

19 반대쪽 바지 한쪽도 비스듬하게 붙입니다. 마스킹 테이프 가운데가 겹치게 붙인 다음 스케치하고 상의 및 다른 쪽 바지와 겹친 부분은 점선을 따라 칼로 오려 냅니다.

20 더 넓게 겹친 방향부터 동시에 떼어 낸 다음 스케치 선을 따라 바지를 찢어 줍니다.

21 찢어 낸 마스킹 테이프를 다시 제자리에 붙입니다.

22 노란색 패턴 마스킹 테이프⑤를 바지 밑단보다 여유 있게 찢어 붙인 뒤 연필로 신발을 스케치하고 칼로 오려 주세요.

23 신발 모양을 제외한 나머지 마스킹 테이프를 떼어 제거해 주세요.

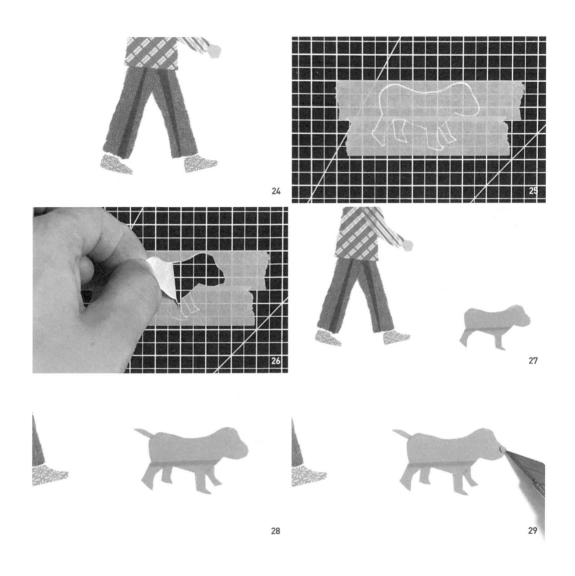

24 반대쪽 신발도 같은 방법으로 완성합니다.

25 커팅 매트에 베이지색 마스킹 테이프⑥를 조금 겹치게 붙인 뒤 흰색 펜으로 강아지 옆모습
    을 스케치합니다. 스케치 선을 따라 칼로 오려 주세요.

26 오려 낸 마스킹 테이프는 위에서부터 조심히 떼어 주세요.

27 떼어 낸 마스킹 테이프를 오른쪽 발끝과 간격을 두고 붙여 줍니다.

28 커팅 매트에서 뒤쪽 다리를 떼어 붙이고 같은 색상의 마스킹 테이프⑥를 칼로 뾰족하게 오
    려 꼬리도 표현해 주세요.

29 같은 색상의 마스킹 테이프⑥를 작은 동그라미 모양으로 오려 강아지 코를 만듭니다.

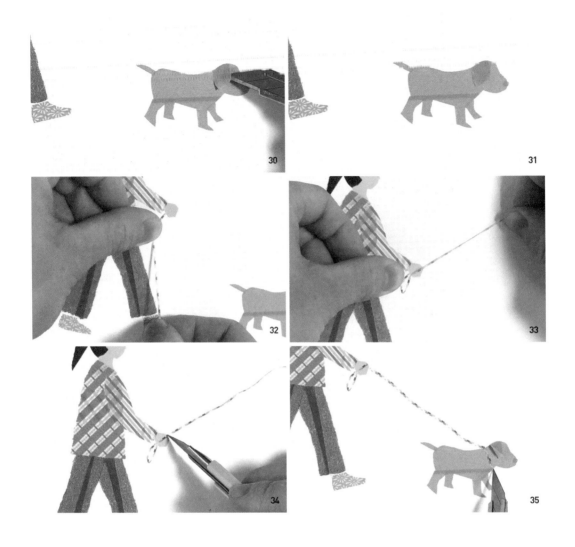

30 타원형 귀도 만들어 붙입니다.

31 강아지가 완성되었습니다.

32 커팅 매트에 하늘색 패턴의 마스킹 테이프⑦를 붙인 다음 칼로 가늘고 길게 오려 냅니다.
주먹 쥔 손 테두리에 맞춰 붙이고 왼손 엄지로 붙인 곳을 눌러 고정해 주세요.

33 마스킹 테이프를 잡은 오른손을 위로 올려 동그란 모양을 만듭니다.

34 주먹 바깥쪽 마스킹 테이프는 칼로 오린 다음 떼어 주세요.

35 가늘게 자른 마스킹 테이프를 손등 앞에서부터 강아지 목까지 연결해 붙입니다. 강아지 귀
를 살짝 떼어 가는 선을 강아지 목에 겹쳐 붙이고 나머지는 칼로 오려 냅니다.

36 오려 낸 마스킹 테이프를 제거하고 살짝 떼어 낸 강아지 귀를 다시 붙입니다. 초록색의 콜라

주 마스킹 테이프⑧를 잔디 모양으로 오려 붙이면 강아지와 함께 완성.

Part 3

가게 앞을
지나다

선인장

화병에서 시들어 가는 꽃을 볼 때면 마음 한편에 아쉬움이 남아요.
그래서 초보자도 비교적 키우기 쉽다는 선인장에 관심을 가져 보았죠.
가게 앞에 서서 서로 다른 모양의 개성 있는 선인장을 골라 봅니다.
이번에는 실패 없이 잘 키워 내고 마리라는 다짐을 하면서 말이죠.

① MT01D280 ② MT01D213 ③ MT01D120 ④ EXPRESSIONS C314-P14

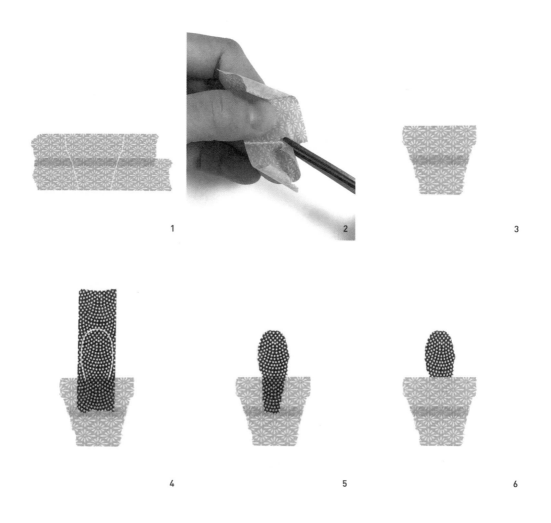

1 노란색 패턴 마스킹 테이프①를 가운데가 조금 겹치도록 두 줄 붙인 다음 화분을 스케치하고 두 겹을 동시에 떼어 냅니다.

2 스케치 선을 따라 손으로 찢어 주세요. 방향이 꺾여 손으로 찢기 어려운 부분에는 가위로 홈 집을 작게 낸 다음 손으로 찢어 주세요.

3 화분이 완성되었습니다.

4 초록색 패턴 마스킹 테이프②를 화분 가운데에 세로로 붙인 뒤 흰색 펜으로 선인장을 스케치하고 떼어 주세요.

5 떼어 낸 마스킹 테이프를 스케치대로 찢은 다음 제자리에 붙입니다.

6 화분과 겹친 부분은 칼로 오려 제거해 주세요.

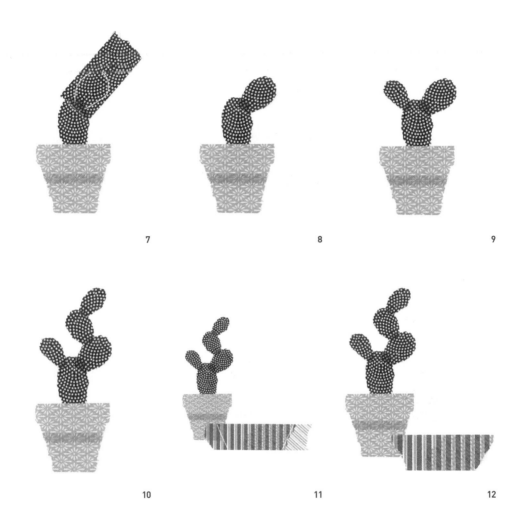

7   같은 색상의 마스킹 테이프②를 선인장 윗부분과 살짝 겹치게 비스듬히 붙이고 흰색 펜으로 둥글게 스케치한 뒤 떼어 주세요.

8   스케치를 따라 손으로 찢어 낸 다음 대각선으로 붙여 줍니다.

9   반대쪽도 같은 방법으로 동그랗게 찢어 붙여 주세요.

10   동그랗게 찢은 마스킹 테이프를 아래쪽 선인장과 살짝 겹쳐 붙이며 선인장을 완성합니다.

11   연보라색 패턴 마스킹 테이프③를 노란색 화분 아래쪽과 살짝 겹치게 붙입니다. 흰색 펜으로 화분을 스케치하고 떼어 주세요.

12   스케치 선을 따라 찢은 다음 제자리에 붙입니다.

13 연두색 패턴 마스킹 테이프④를 끝이 뾰족한 형태로 찢어 연보라색 화분과 살짝 겹치게 붙여 주세요.

14 크기를 조금씩 다르게 찢어 오른쪽으로 계속 붙여 줍니다.

15 양옆으로 여백을 조금 남기고 화분이 모두 채워지도록 붙여 주세요.

16 화분과 겹친 연두색 패턴 마스킹 테이프를 자를 대고 칼로 오려 제거합니다.

17 선인장 완성.

베이커리

베이커리 앞을 지날 때면 언제나 고소한 빵 냄새에 이끌려
저절로 베이커리 안으로 들어서게 됩니다.
바삭하고 쫄깃한 바게트, 촉촉하고 부드러운 식빵, 달콤한 도넛까지!
어떻게 그냥 지나칠 수가 있을까요.

① MT01P193 ② MT01P202 ③ MT01P311 ④ DOT 45022-05 ⑤ collage masking tape BROWN
⑥ DARK BROWN

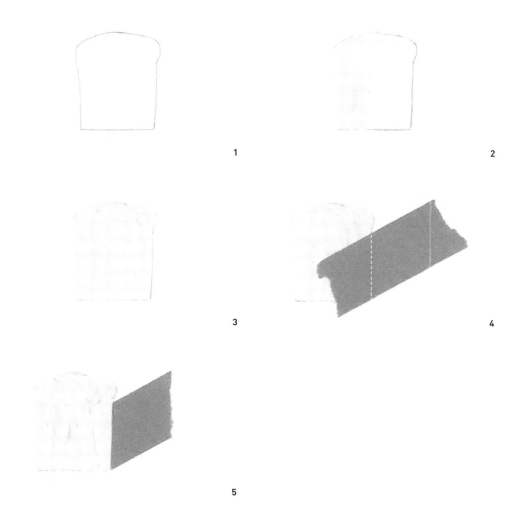

1 연필로 식빵의 단면을 네모나게 스케치합니다. 위쪽을 둥글게 그려 주세요.

2 스케치 선 안쪽을 연노란색 마스킹 테이프①로 채워 줍니다. 이때 잘게 찢어 붙이는 모자이크 기법으로 채워 주세요.

3 모자이크 기법을 사용하면 식빵 단면의 결을 입체적으로 표현할 수 있습니다.

4 식빵의 단면 오른쪽 아래 꼭짓점에 맞춰 사선으로 코르크 색상의 마스킹 테이프②를 찢어 붙입니다. 식빵의 단면과 간격을 두고 흰색 펜으로 세로줄을 하나 그어 줍니다. 단면과 겹친 부분은 점선을 따라 칼로 오려 내고 마스킹 테이프를 떼어 스케치 선을 따라 찢어 주세요.

5 찢어 낸 마스킹 테이프는 다시 꼭짓점을 맞춰 붙여 줍니다.

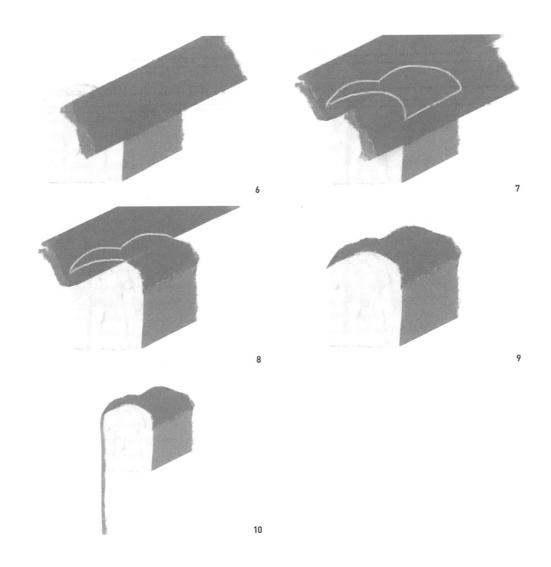

6   식빵 윗면을 진하게 표현할 거예요. 같은 색상의 마스킹 테이프②를 두 겹 겹쳐 식빵의 단면과 옆면 위에 겹치도록 비스듬히 붙여 주세요.

7   6에서 붙인 마스킹 테이프 위쪽으로 두 겹 겹쳐 붙인 마스킹 테이프를 식빵 단면 윗부분이 모두 가려지도록 선을 맞춰 붙여 줍니다. 식빵 윗면을 올록볼록하게 스케치해 주세요. 아래쪽 마스킹 테이프부터 떼어 스케치 선을 따라 찢어 줍니다. 찢기 어려운 곡선은 가위를 이용해 찢어 줍니다.

8   찢어 낸 마스킹 테이프는 위쪽 스케치 선과 식빵 옆면에 맞춰 붙이고 나머지 마스킹 테이프도 떼어 선을 따라 찢어 줍니다.

9   제자리에 마스킹 테이프를 붙여 줍니다.

10   같은 색상의 마스킹 테이프②를 가늘게 오려 식빵의 왼쪽 단면에 맞춰 붙여 주세요. 식빵 바깥쪽으로 튀어나온 마스킹 테이프는 칼로 오려 제거합니다.

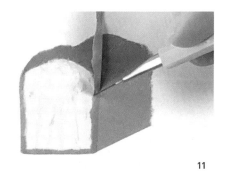

11

12

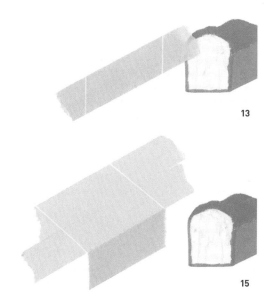

13

14

15

11 가늘게 자른 마스킹 테이프를 식빵 단면 테두리에 맞춰 붙이고 식빵 윗부분과 겹치는 곳에서 칼로 잘라 나머지를 제거합니다.

12 식빵이 완성되었습니다.

13 사각형 빵 봉투를 만들어 보겠습니다. 먼저 봉투 입구를 만들 거예요. 파스텔 브라운 마스킹 테이프③를 두 겹 겹쳐 식빵 왼쪽에 간격을 두고 사선으로 붙입니다. 평행하는 세로줄을 2개 그린 다음 마스킹 테이프를 떼어 선을 따라 찢어 주세요.

14 식빵과 간격을 두고 제자리에 붙여 줍니다.

15 봉투 입구 위쪽 선에 맞춰 같은 색상의 마스킹 테이프③를 한 겹으로 서로 겹치지 않게 붙여 주세요. 입구 위쪽 각 꼭짓점에 맞춰 사선으로 선을 하나씩 그려 주세요. 각각 떼어 선을 따라 찢어 줍니다.

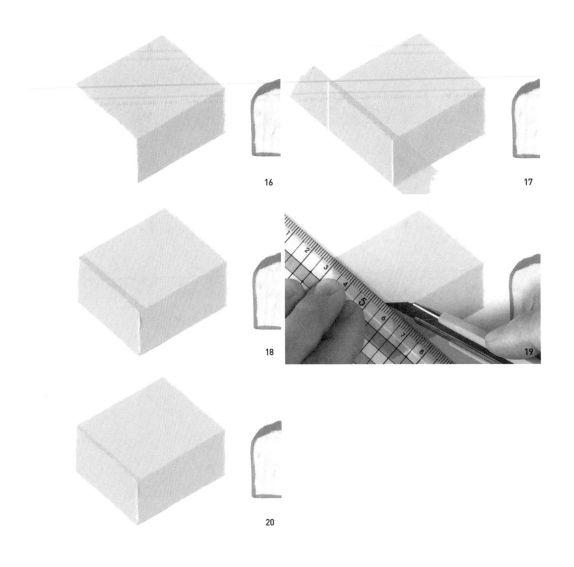

16 사각형의 모양이 서로 이어지도록 잘 맞춰 붙입니다.

17 봉투 입구 아래쪽의 왼쪽 꼭짓점에 맞춰 같은 색상의 마스킹 테이프③를 측면이 채워지도록 한 줄 찢어 붙입니다. 겹친 봉투의 윗면 양 꼭짓점에 맞춰 세로줄을 그리고 떼어 주세요.

18 스케치대로 찢은 마스킹 테이프를 다시 측면에 붙여 입체적인 사각형 봉투를 표현합니다.

19 윗면과 겹친 측면의 마스킹 테이프에 자를 대고 겹친 부분을 조금만 남겨 두고 칼로 오려 제거해 주세요.

20 입체적인 사각형 빵 봉투가 완성되었습니다.

116

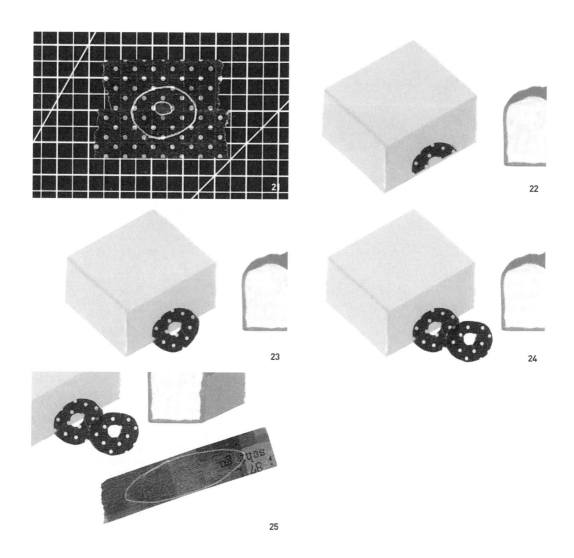

21 커팅 매트에 도트 패턴의 갈색 마스킹 테이프④를 겹치지 않게 두 번 연결해 붙이고 도넛을
    스케치합니다. 칼로 스케치 선을 따라 오려 주세요.

22 먼저 도넛의 윗부분부터 떼어 봉투 입구 가운데에 붙입니다.

23 도넛의 아랫부분도 떼어 연결해 붙여 주세요.

24 같은 방법으로 도넛을 하나 더 만들고 먼저 붙인 도넛과 살짝 겹치게 붙여 줍니다.

25 갈색의 콜라주 마스킹 테이프⑤를 길게 찢어 식빵과 도넛 아래에 붙입니다. 흰색 펜으로 바
    게트를 그려 주세요.

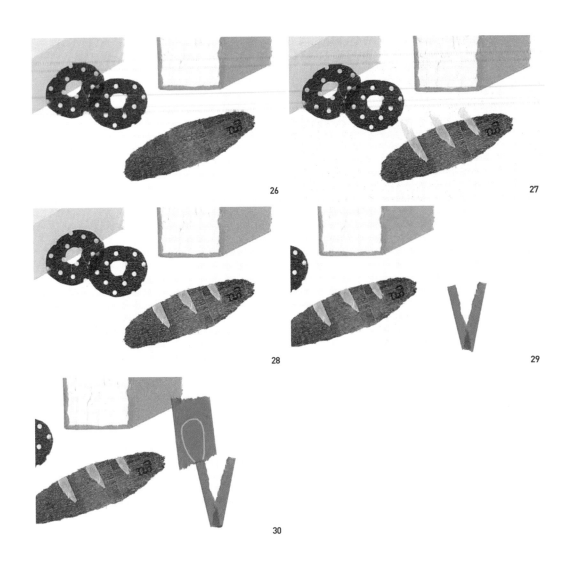

26   마스킹 테이프를 떼어 선을 따라 찢고 다시 붙입니다.

27   바게트 위에 가늘게 찢은 파스텔 브라운 마스킹 테이프③를 일정한 간격을 두고 붙입니다.

28   바게트 바깥으로 튀어나온 마스킹 테이프는 칼로 오려 주세요. 바게트가 완성되었습니다.

29   다른 톤의 갈색 마스킹 테이프⑥를 가늘게 찢고 V자로 붙여 집게 손잡이를 표현합니다.

30   같은 색상 마스킹 테이프⑥를 집게 손잡이 위에 붙인 다음 둥근 모양으로 스케치합니다. 마
스킹 테이프를 떼어 스케치대로 찢어 주세요.

31 찢어 낸 마스킹 테이프는 손잡이 끝부분에 연결해 붙이고 반대쪽도 같은 방법으로 만듭니다. 베이커리 완성.

생선 가게 앞 고양이

'고양이한테 생선을 맡기다'라는 속담이 있죠.
그런데 혹시 생선 가게 앞에 우두커니 앉아 있는 고양이를 보신 적 있으신가요?
생선이 바로 옆에 있는데도 어떻게 가만히 앉아 있을까요?
가끔 이런 고양이를 보면 호기심이 발동해 작품으로 남기고 싶어져요.

① MT01D280 ② MT01D342 ③ MT01P198 ④ MST-MKT08 YELLOW ⑤ MT01P188 ⑥ MT01P187
⑦ REMOVABLE TAPE ⑧ MT01P202

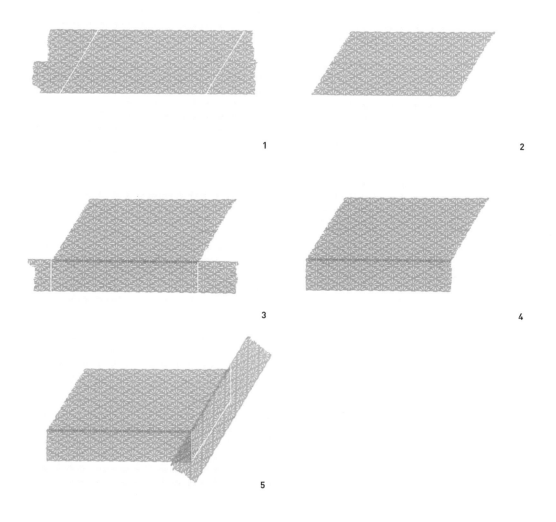

1   노란색 패턴 마스킹 테이프①를 겹치지 않게 선을 맞춰 두 줄 붙여 주세요. 자를 대고 흰색
          펜으로 사선으로 평행한 직선을 두 개 그립니다.

2   하나씩 떼어 선을 따라 찢어 주세요. 찢어 낸 마스킹 테이프는 다시 붙여 줍니다.

3   같은 색상의 마스킹 테이프①를 앞서 붙인 마스킹 테이프 아랫부분과 살짝 겹치게 붙입니
          다. 이때 여유 있는 길이로 찢어 붙여 주세요. 양 꼭짓점에 맞춰 세로줄을 긋고 떼어 주세요.

4   선을 따라 찢은 다음 다시 윗면의 아랫부분과 살짝 겹치게 붙여 줍니다.

5   마스킹 테이프①를 여유 있게 찢어 윗면 오른쪽 테두리와 조금 겹치게 붙입니다. 윗면의 오
          른쪽 꼭짓점에 맞춰 세로줄을 그리고 앞면의 아래쪽 꼭짓점에 맞춰 선을 이어 그립니다. 스
          케치한 마스킹 테이프를 떼어 찢어 주세요.

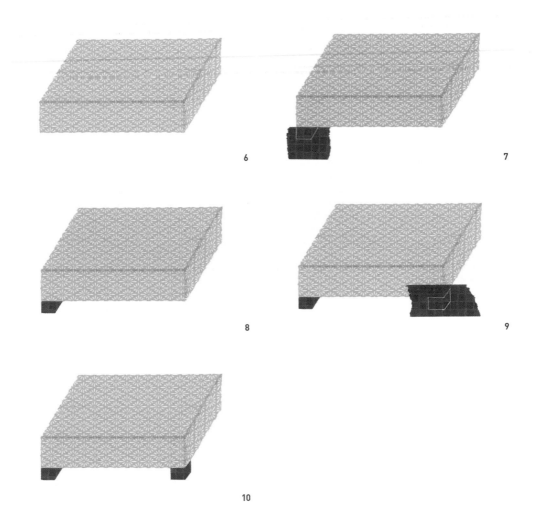

6 찢어 낸 마스킹 테이프를 옆면에 다시 붙입니다.

7 어두운 초록색 패턴의 마스킹 테이프②를 노란색 테이블 아래에 겹치지 않게 선을 맞춰 붙여 주세요. 테이블 다리를 스케치하고 선을 따라 칼로 오려 주세요.

8 나머지 마스킹 테이프를 제거해 테이블 다리를 표현합니다.

9 반대쪽에도 같은 색상의 마스킹 테이프②를 붙이고 스케치한 다음 칼로 오려 주세요. 나머지 마스킹 테이프는 모두 제거합니다.

10 테이블 앞쪽 다리가 완성되었습니다.

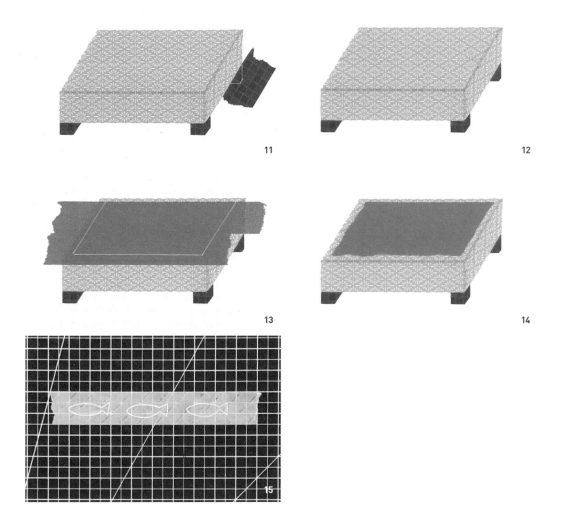

11 오른쪽 모서리에 맞춰 테이블 뒤쪽 다리도 만들어 주세요.

12 스케치 선을 따라 칼로 오려 나머지 마스킹 테이프를 제거하면 노란색 패턴의 테이블이 완성됩니다.

13 테이블 위에 파란색 마스킹 테이프③ 두 줄을 겹치지 않게 붙여 줍니다. 여유 있는 길이로 찢어 붙이고 테이블 윗면보다 작게 스케치해 주세요. 떼어 낸 다음 선을 따라 찢어 줍니다.

14 찢어 낸 마스킹 테이프를 다시 테이블 윗면에 붙여 줍니다.

15 커팅 매트에 회색 패턴 마스킹 테이프④를 한 줄 찢어 붙인 다음 생선을 세 마리 그리고 선을 따라 칼로 오려 주세요.

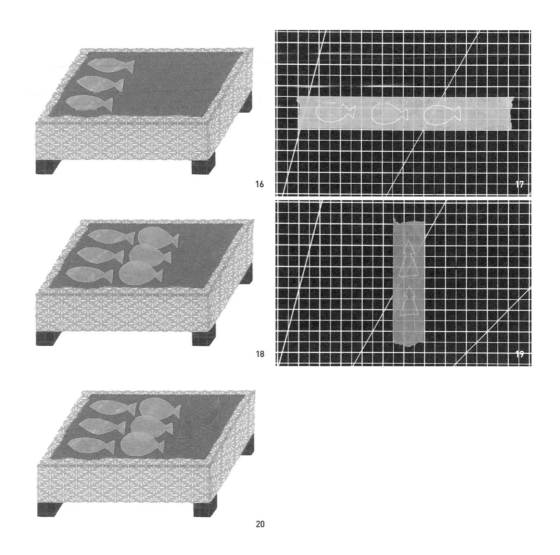

16 생선을 파란색 매트 위에 일렬로 나란히 붙여 주세요.

17 커팅 매트에 살구색 마스킹 테이프⑤를 붙이고 통통한 생선을 세 마리 그려 볼게요. 마찬가지로 선을 따라 칼로 오려 냅니다.

18 통통한 생선을 앞서 붙인 생선 옆에 붙여 주세요. 이때 통통한 생선끼리 조금씩 겹치게 일렬로 붙입니다.

19 커팅 매트에 주황색 마스킹 테이프⑥를 세로로 붙이고 오징어 몸통을 두 개 그린 다음 칼로 오려 주세요.

20 오징어 몸통을 파란색 매트 오른쪽 상단에 비스듬히 붙여 줍니다.

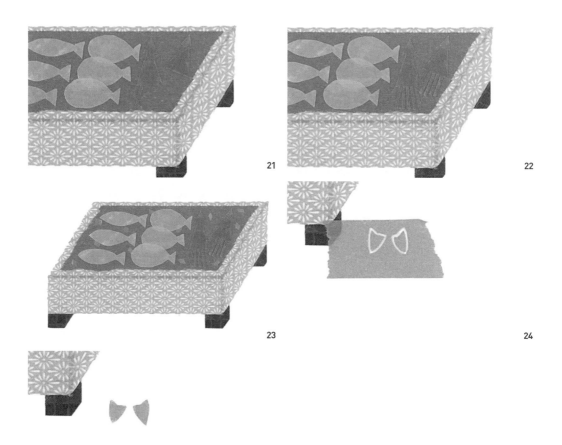

21 같은 색상의 마스킹 테이프⑥를 칼로 가늘게 오려 오징어 몸통 아래에 붙여 주세요.

22 가는 선을 여러 개 만들어 붙여 오징어 다리를 표현합니다.

23 반투명한 테이프⑦를 칼로 네모나게 오린 다음 파란색 매트 위에 듬성듬성 붙여 얼음을 표현해 주세요.

24 코르크 색상의 마스킹 테이프⑧를 오른쪽 테이블 다리 옆에 한 줄 붙이고 고양이 귀를 스케치합니다. 칼로 스케치 선을 따라 오려 주세요.

25 귀를 제외한 나머지 마스킹 테이프는 제거합니다.

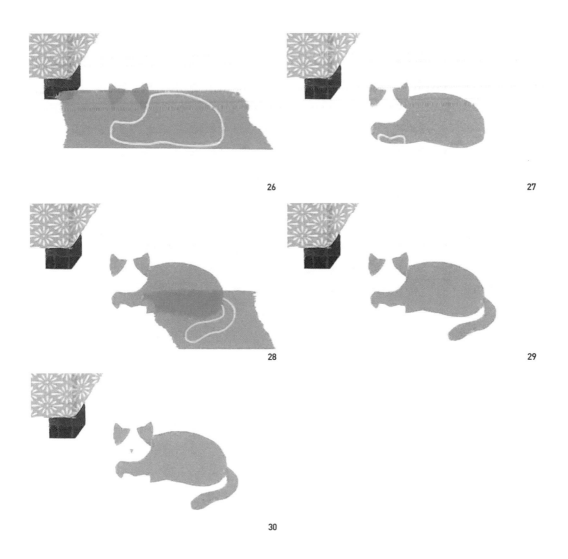

26 고양이 몸통을 표현할게요. 같은 색상의 마스킹 테이프⑧를 귀와 겹치게 붙인 다음 둥글게 웅크린 자세를 그리고 칼로 오려 주세요.

27 몸통을 제외한 나머지 마스킹 테이프를 제거한 뒤 고양이 앞발을 그려 줍니다. 스케치 선을 따라 칼로 오려 낸 다음 떼어 주세요.

28 같은 색상의 마스킹 테이프⑧를 고양이의 엉덩이와 겹쳐 붙인 다음 꼬리를 스케치하고 칼로 오려 주세요.

29 웅크린 고양이를 완성했습니다.

30 같은 색상의 마스킹 테이프⑧를 역삼각형 모양으로 아주 작게 오려 고양이 얼굴 가운데에 붙여 주세요.

31   가늘고 짧은 선을 두 개 오려 고양이 코 아래에 대칭이 되도록 붙여 입을 만들어 주세요. 생
선 가게 앞 고양이 완성.

아이스크림을 든 꼬마

입안에서 사르르 녹는 달콤한 아이스크림,
알록달록 부드러운 파스텔 톤의 아이스크림은 보기만 해도 기분이 달달해지죠.
아이스크림을 들고 있는 귀여운 꼬마 숙녀를 만들며 기분 좋은 달콤함을 함께 느껴 보아요.

① MST-MKT180-PK ② MT01P203 ③ MST-MKT05 NAVY ④ collage masking tape BROWN ⑤ IR00801P
⑥ CORAL

128

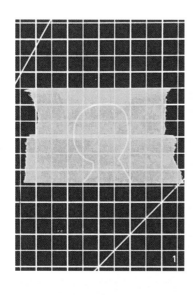

1

2

3

4

5

1   커팅 매트에 살구색 마스킹 테이프(①)를 가운데가 조금 겹치게 붙여 주세요. 흰색 펜으로 동그란 측면 얼굴과 목을 그립니다. 스케치 선을 따라 칼로 오린 다음 떼어 주세요.

2   오려 낸 마스킹 테이프를 종이에 붙입니다.

3   갈색 마스킹 테이프(②)를 머리와 목에 겹쳐 붙여 주세요. 귀와 헤어스타일을 스케치하고 앞머리와 귀를 칼로 오린 뒤 위쪽의 마스킹 테이프부터 떼고 선을 따라 찢어 주세요.

4   찢어 낸 마스킹 테이프는 제자리에 붙여 줍니다.

5   아래쪽 헤어스타일도 완성해 주세요.

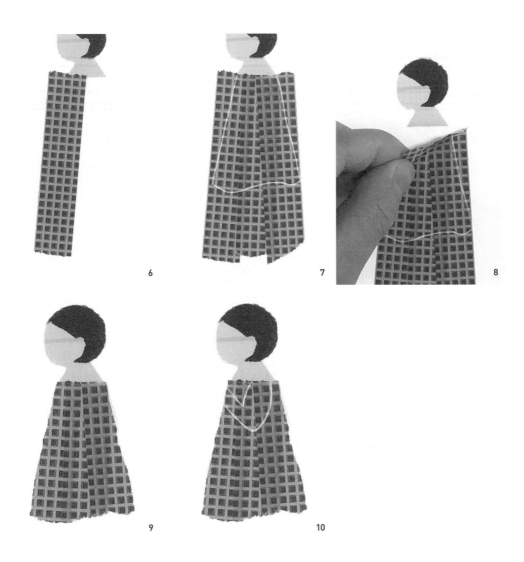

6 남색 패턴 마스킹 테이프③를 길게 찢어 목 아래에 세로로 붙여 줍니다.

7 같은 색상의 마스킹 테이프③ 두 줄을 위쪽 선을 맞춰 조금씩 겹치게 붙인 다음 원피스를
   스케치합니다.

8 마스킹 테이프를 위에서부터 동시에 떼고 스케치 선을 따라 찢어 주세요.

9 찢어 낸 마스킹 테이프를 목 아래에 붙여 줍니다.

10 원피스 위에 흰색 펜으로 팔을 스케치하고 칼로 선을 따라 오려 주세요.

11   오려 낸 마스킹 테이프를 제거합니다.

12   오려 낸 부분에 살구색 마스킹 테이프①를 붙이고 비치는 팔 모양을 따라 칼로 오려 주세요. 팔을 제외한 나머지 부분은 제거합니다.

13   살구색 마스킹 테이프①를 조금 찢어 손목과 이어지도록 연결해 붙입니다. 흰색 펜으로 손을 스케치하고 칼로 오려 냅니다. 나머지 마스킹 테이프는 제거해 주세요.

14   아이스크림을 쥘 손이 완성되었습니다.

    15   손등 위에 임시로 사용할 마스킹 테이프를 가늘게 잘라 붙여 주세요.

16 임시 마스킹 테이프 위에 갈색의 콜라주 마스킹 테이프④를 붙이고 아이스크림콘을 스케치 합니다. 스케치 선을 따라 칼로 오려 낸 다음 나머지 마스킹 테이프를 제거해 주세요.

17 아이스크림콘 아랫부분과 겹친 원피스를 칼로 오려 낸 다음 아이스크림콘 아랫부분을 살짝 떼어 겹친 원피스를 제거해 주세요.

18 살짝 떼어 낸 아이스크림콘 아랫부분을 제자리에 붙여 줍니다. 원피스와 겹쳐 어두웠던 부 분이 제거되어 이전보다 선명해 보입니다. 임시 마스킹 테이프도 조심스럽게 떼어 주세요.

19 그러데이션 마스킹 테이프⑤를 둥글게 찢은 다음 콘 위에 붙여 아이스크림을 표현해 주세요.

20 남색 패턴 마스킹 테이프③를 가늘게 찢고 겨드랑이에 맞춰 끝을 붙여 주세요. 왼손 엄지로 붙인 부분을 눌러 고정하고 오른손으로 다른 한쪽 끝을 잡아 화살표 방향으로 움직여 원피 스의 어깨끈을 만들어 주세요.

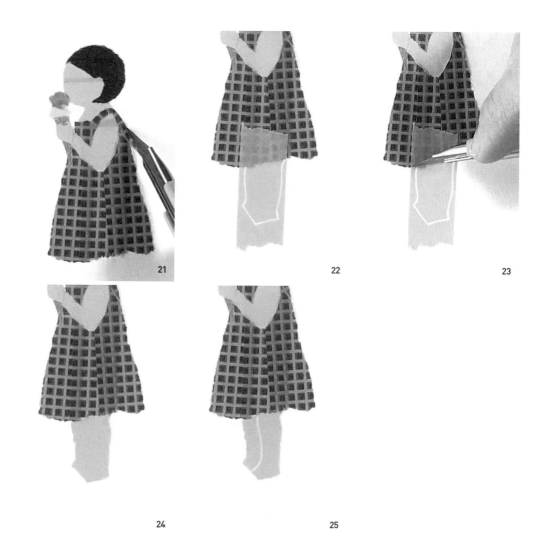

21 어깨를 넘어 등으로 이어지는 어깨끈을 칼로 오려 제거합니다.

22 살구색 마스킹 테이프①를 원피스 아래에 세로로 붙인 다음 흰색 펜으로 두 다리를 한꺼번에 스케치합니다.

23 원피스와 겹친 부분은 칼로 오려 제거한 뒤 마스킹 테이프를 떼어 스케치 선을 따라 찢어 주세요.

24 찢어 낸 마스킹 테이프를 원피스 아래에 다시 붙입니다.

25 흰색 펜으로 가운데에 스케치를 하고 칼로 오려 다리를 분리합니다.

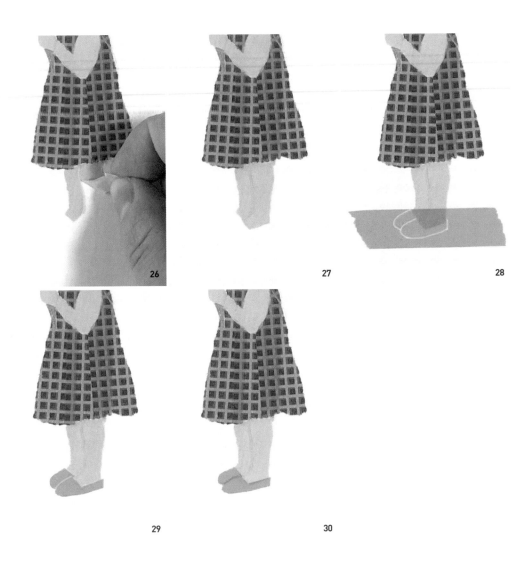

26 오른쪽 다리를 떼어 주세요.

27 오른쪽 다리를 왼쪽 다리와 살짝 겹치게 다시 붙여 줍니다.

28 코랄 색상의 마스킹 테이프⑥를 발목과 겹쳐 붙인 다음 신발을 스케치하고 칼로 오려 주세
    요. 나머지 마스킹 테이프는 제거합니다.

29 양쪽 신발 가운데 흰색 펜으로 스케치한 부분을 칼로 오립니다.

30 한쪽 신발을 떼어 다른 신발과 살짝 겹치도록 붙여 줍니다.

31 꼬마 왼쪽에 그러데이션 마스킹 테이프⑤의 노란색 부분을 타원형으로 작게 여러 번 오려
    가운데를 모아 붙여 꽃을 표현해 주세요.

32 크기가 다른 꽃을 두 개 더 만들어 여백을 채워 주면 아이스크림을 든 꼬마 완성.

옷 가 게

'작년에는 대체 뭘 입고 다녔을까?' 이런 생각 한 번쯤 해 보지 않으셨나요?

계절이 바뀔 때마다 올해는 무엇을 입어야 할지 고민하는 것 같아요.

옷장에 있는 옷부터 활용해 입어 보자며 애를 쓰는데도

자꾸 쇼윈도에 눈이 가는 것은 어쩌면 좋을까요.

① MT01D341 ② collage masking tape BROWN ③ MT01D409 ④ MT01P200 ⑤ MT01P312
⑥ ten to sen MUSTARD 26534-03 ⑦ MT01P187 ⑧ MT01P201

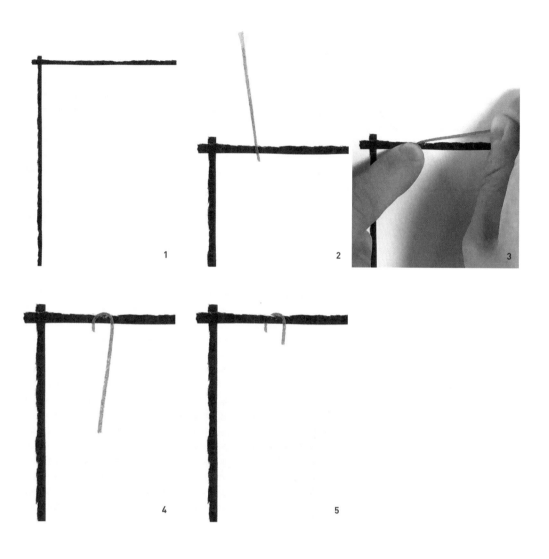

1. 검은색 패턴 마스킹 테이프①를 가늘고 길게 찢어 행거를 만들어 줍니다.

2. 갈색의 콜라주 마스킹 테이프② 중 연한 부분을 칼로 아주 가늘게 오려 행거 상단에 겹처 붙여 주세요.

3. 겹처 붙인 한쪽 끝을 왼손 검지로 눌러 고정하고 다른 쪽 끝을 오른손으로 잡아 시계 방향으로 틀어 아래쪽으로 내려 줍니다.

4. 옷걸이의 고리를 만들었습니다.

5. 고리의 아랫부분을 적당한 길이로 오려 제거합니다. 행거와 겹친 고리의 왼쪽 부분도 오려 제거해 주세요.

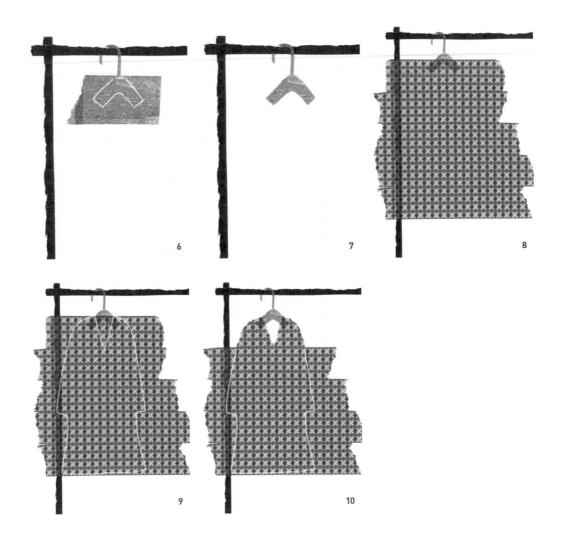

6   같은 마스킹 테이프②를 고리 밑에 붙인 다음 흰색 펜으로 옷걸이의 일부를 스케치합니다.

7   선을 따라 칼로 오려 내고 나머지 마스킹 테이프를 제거하면 옷걸이가 완성됩니다.

8   파란색 패턴 마스킹 테이프③를 옷걸이 위로 겹쳐 붙인 다음 선을 맞춰 아래쪽으로 네 줄
     더 붙입니다.

9   파란색 패턴 마스킹 테이프 위에 V자 네크라인의 긴소매 원피스를 스케치하고 위쪽부터 마
     스킹 테이프를 떼어 스케치 선을 따라 찢어 주세요. 손으로 찢기 어려운 부분은 가위를 이용
     해 주세요.

10   찢어 낸 마스킹 테이프를 제자리에 다시 붙여 줍니다. 나머지도 차례대로 하나씩 떼어 스케
     치 선을 따라 찢은 뒤 제자리에 붙여 주세요.

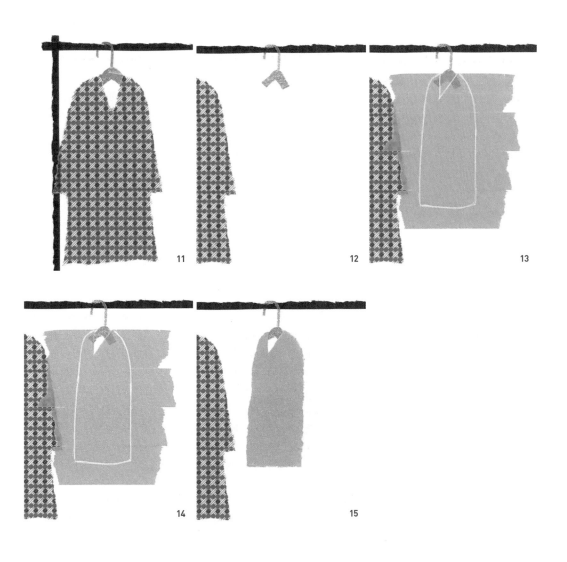

11 원피스와 겹치는 옷걸이 부분을 칼로 오려 제거하면 원피스가 완성됩니다.

12 간격을 두고 옷걸이를 하나 더 만들어 주세요.

13 베이지색 마스킹 테이프④를 옷걸이 위로 겹쳐 한 줄 먼저 붙인 다음 선을 맞춰 아래쪽으로 세 줄 더 붙입니다. 흰색 펜으로 V자 네크라인의 상의를 스케치합니다. 네크라인은 선을 따라 칼로 오려 주세요.

14 오려 낸 마스킹 테이프는 제거하고 스케치한 마스킹 테이프를 위쪽부터 차례대로 하나씩 떼어 선을 따라 찢어 줍니다. 위쪽 마스킹 테이프를 뗄 때 상의와 겹치는 옷걸이 부분도 제거해 주세요.

15 찢어 낸 마스킹 테이프를 하나씩 제자리에 붙여 줍니다.

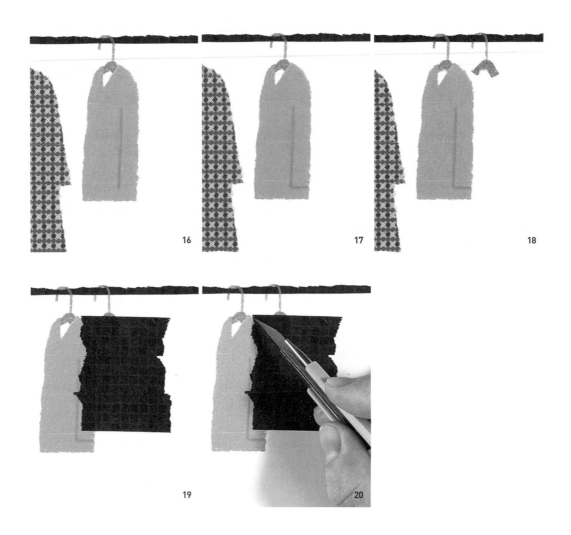

16 같은 색상의 마스킹 테이프④를 칼로 가늘게 오려 소매에 세로로 붙여 주세요.

17 가는 선을 짧게 하나 더 만들어 소매 아래쪽 끝부분에 가로로 연결해 붙여 주세요.

18 옷걸이를 하나 더 만들어 주세요.

19 검은색 패턴 마스킹 테이프①를 옷걸이와 겹치도록 붙이고 아래쪽으로 두 줄 더 연결해 붙여 줍니다.

20 베이지색 옷과 겹친 부분을 손가락으로 꾹 눌러 위치를 확인하고 칼로 오려 냅니다. 이때 흰색 바탕이 보이지 않도록 주의해서 오려 냅니다.

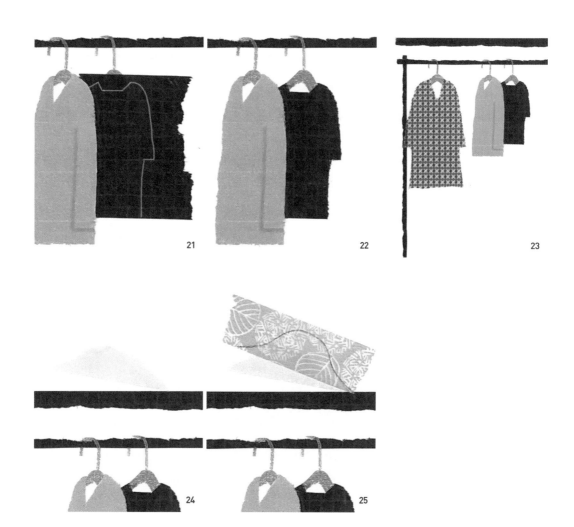

21 오려 낸 마스킹 테이프를 제거해 주세요. 흰색 펜으로 스퀘어 네크라인 상의를 스케치합니다. 네크라인 부분은 칼로 오려 내고 위쪽부터 마스킹 테이프를 떼어 선을 따라 찢어 주세요.

22 찢어 낸 마스킹 테이프를 제자리에 다시 붙여서 상의를 완성합니다.

23 행거 위쪽으로 검은색 패턴 마스킹 테이프①를 길게 찢어 붙여 선반을 표현합니다.

24 연회색 마스킹 테이프⑤를 반원 모양으로 둥글게 찢어 선반 위에 비스듬하게 붙여 주세요.

25 노란색 패턴 마스킹 테이프⑥를 연회색 마스킹 테이프와 살짝 겹치게 붙인 다음 연필로 모자를 스케치하고 떼어 주세요.

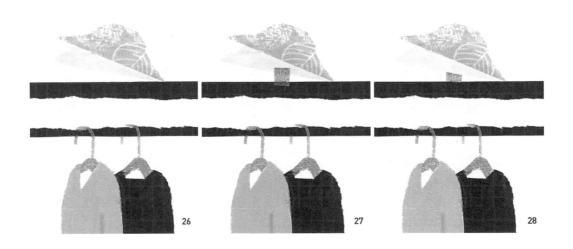

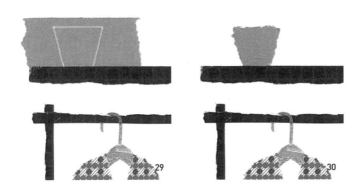

26 스케치 선을 따라 찢은 다음 다시 비스듬하게 겹쳐 붙여 줍니다.

27 갈색의 콜라주 마스킹 테이프② 중 연한 부분을 네모나게 칼로 오려 선반과 연회색 모자 사
이에 붙여 줍니다.

28 겹친 부분은 칼로 오려 제거해 주세요.

29 주황색 마스킹 테이프⑦를 선반에 선을 맞춰 붙여 줍니다. 흰색 펜으로 화분을 스케치하고
다시 떼어 냅니다.

30 떼어 낸 마스킹 테이프를 스케치 선을 따라 찢은 다음 선반 위에 붙여 줍니다.

31 카키색 마스킹 테이프⑧를 끝이 뾰족한 잎 모양으로 찢어 화분과 겹치게 붙여 주세요.

32 겹친 부분을 칼로 오려 제거하면 옷 가게 완성.

Part 4

친구를
만나다

키
피

오랜만에 만나도 어제 만난 것처럼 편안한 친구와 함께하는 따뜻한 커피 한잔,

그동안 쌓인 이야깃거리들을 쏟아 내며 지친 일상 속

친구와의 따뜻한 커피 한잔으로 마음의 여유를 나눠 보세요.

① CORAL ② MT01P203 ③ AMUZE ④ DOT 45026-02 ⑤ REMOVABLE TAPE ⑥ MT01P311

1 코랄 색상의 마스킹 테이프①를 겹치지 않게 선을 맞춰 네 줄로 붙여 주세요.

2 흰색 펜으로 커피 잔을 스케치한 다음 하나씩 떼어 선을 따라 찢어 주세요. 손잡이는 따로 만들 거예요.

3 찢어 낸 마스킹 테이프는 길이와 모양을 맞춰 다시 붙여 줍니다.

4 같은 색상의 마스킹 테이프①를 커피 잔의 왼쪽 몸통에 맞춰 붙인 다음 손잡이를 스케치해 주세요. 마스킹 테이프를 떼어 내고 선을 따라 찢어 줍니다.

5 찢어 낸 손잡이는 커피 잔의 몸통에 맞춰 다시 붙여 주세요.

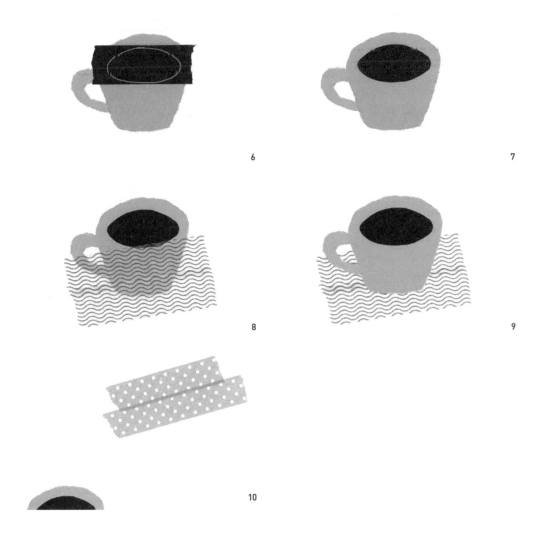

6   갈색 마스킹 테이프②를 커피 잔 윗부분에 겹쳐 붙인 뒤 동그랗게 커피가 담긴 형태를 그려
       줍니다. 그 다음 칼로 오려 주세요.

7   오려 낸 나머지 마스킹 테이프를 제거합니다.

8   빨간색 패턴 마스킹 테이프③로 코스터를 표현할게요. 커피 잔 위로 빨간색 패턴 마스킹 테
       이프를 두 줄 붙여 줍니다. 이때 가운데가 살짝 겹치게 붙여 주세요.

9   빨간색 패턴 마스킹 테이프 아래로 비치는 커피 잔 테두리를 따라 칼로 오려 주세요. 커피
       잔의 몸통과 손잡이와 겹친 빨간색 패턴 마스킹 테이프도 제거합니다.

10   오른쪽 상단 여백에 도트 패턴의 민트색 마스킹 테이프④를 가운데가 조금 겹치게 두 줄 붙
       여 줍니다.

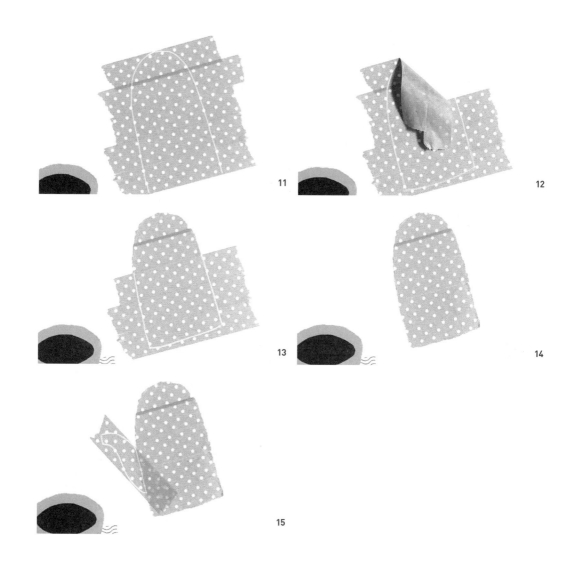

11 겹치지 않도록 선을 맞춰 아래로 세 줄 더 붙여 준 다음 주전자의 몸통을 스케치해 주세요.

12 맨 위의 두 줄을 동시에 떼어 낸 다음 스케치 선을 따라 찢어 주세요.

13 찢어 낸 마스킹 테이프를 제자리에 다시 붙이고 나머지 마스킹 테이프도 같은 방법으로 차 례대로 떼어 낸 다음 찢어 붙여 주세요.

14 찢어 낸 마스킹 테이프를 다시 붙여 주전자의 몸통을 표현합니다.

15 같은 색상의 마스킹 테이프④를 주전자의 몸통 왼쪽 하단에 맞춰 비스듬하게 겹쳐 붙입니 다. 그 위에 주전자 입을 그려 주세요. 마스킹 테이프를 떼고 손으로 찢는데 곡선이 많아 찢 기 어려운 부분은 가위로 오려 냅니다.

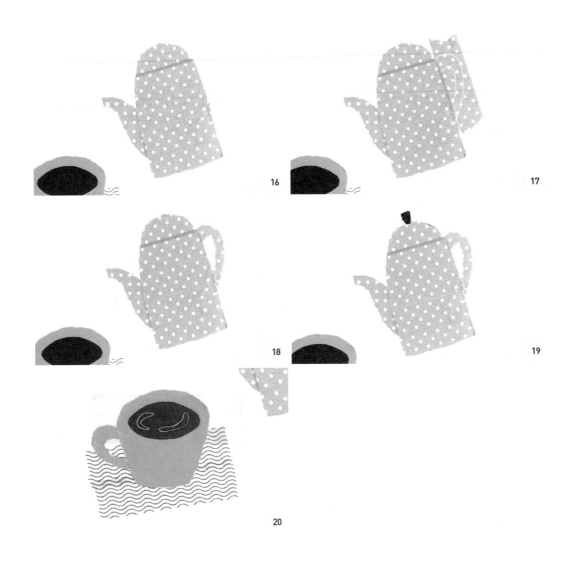

16 찢어 낸 주전자 입을 주전자의 몸통 왼쪽 테두리에 맞춰 붙여 줍니다.

17 주전자 몸통 오른쪽 테두리에 맞춰 마스킹 테이프④를 세로로 붙여 주세요. 손잡이를 그린 다음 다시 마스킹 테이프를 떼어 선을 따라 찢어 주세요.

18 찢어 낸 손잡이를 제자리에 다시 붙여 줍니다.

19 갈색 마스킹 테이프②를 작은 사다리꼴 모양으로 찢어 주전자 뚜껑 가운데에 붙여 주세요.

20 반투명한 테이프⑤를 커피 위에 겹쳐 붙이고 곡선 모양을 스케치합니다. 선을 따라 칼로 오려 주세요.

21 오려 낸 나머지 마스킹 테이프를 제거합니다. 커피 위로 곡선 모양으로 자른 파스텔 브라운 마스킹 테이프⑥를 붙입니다. 김이 모락모락 피어오르는 커피 완성.

딸기 스무디

가끔은 매일 마시는 커피 대신 달달한 딸기 스무디 한잔을 마셔 보세요.

입안에서 톡톡 터지는 딸기 씨의 독특한 식감은 나른한 오후를 상큼하게 깨워 준답니다.

① EXPRESSIONS C314-P22 ② MT01P311 ③ MT01P304 ④ MT01P199 ⑤ EXPRESSIONS C314-P14
⑥ MT01P208

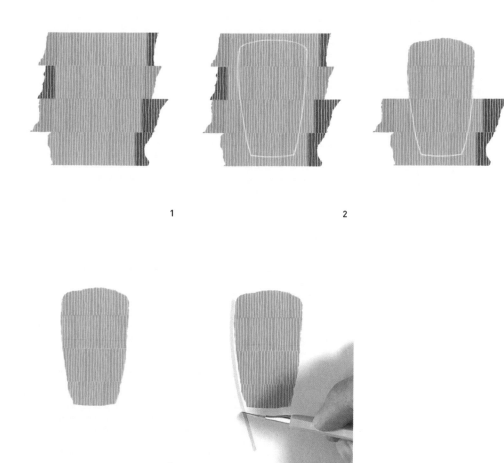

1 　분홍색 패턴 마스킹 테이프①를 겹치지 않게 네 줄 붙여 줍니다.

2 　흰색 펜으로 컵에 담긴 음료를 표현할게요. 전체적으로 둥근 곡선으로 테두리를 스케치한 다음 차례대로 하나씩 떼어 스케치 선을 따라 찢어 주세요.

3 　찢어 낸 마스킹 테이프를 제자리에 다시 붙이고 나머지도 같은 방식으로 뗀 다음 찢어서 붙여 줍니다.

4 　분홍색 딸기 음료가 완성되었어요.

5 　이제 컵을 만들어 볼게요. 파스텔 브라운 마스킹 테이프②를 가는 선으로 오려 음료 테두리와 살짝 간격을 두고 붙여 줍니다. 음료보다 조금 더 길게 남기고 오려 주세요.

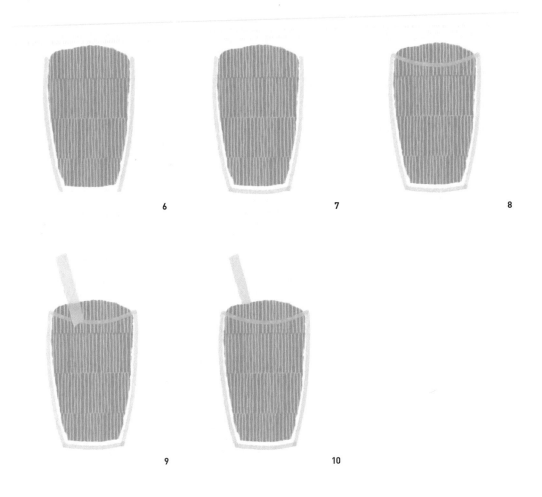

6 　 반대쪽도 간격을 두고 붙인 다음 앞서 붙인 마스킹 테이프 길이에 맞춰 칼로 오려 줍니다.

7 　 아래에도 가는 선을 양쪽 길이에 맞춰 붙입니다.

8 　 컵의 윗부분에도 가는 선을 양쪽 길이에 맞춰 붙여 주세요. 이때 둥근 곡선으로 붙여 주세요.

9 　 같은 색상의 마스킹 테이프②를 직사각형으로 찢어 음료 왼쪽 상단과 겹치도록 세로로 붙여 준 다음 음료와 겹치는 부분을 칼로 오려 냅니다.

10 　 오려 낸 마스킹 테이프를 제거해 빨대를 표현해 주세요.

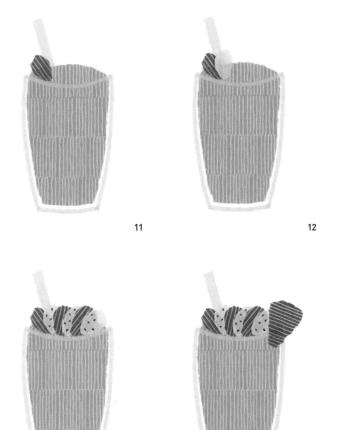

11 분홍색 패턴 마스킹 테이프① 중 빨간색 부분을 둥글게 찢어 빨대와 겹치게 붙입니다.

12 분홍색 마스킹 테이프③도 둥글게 찢어 앞서 붙인 마스킹 테이프와 겹치게 붙여 줍니다.

13 같은 방법으로 번갈아 붙이며 음료 위를 딸기로 채워 주세요.

14 먹색 마스킹 테이프④를 점처럼 작게 칼로 오린 다음 분홍색 마스킹 테이프 위에 듬성듬성 붙여 딸기 씨를 표현합니다.

15 분홍색 패턴 마스킹 테이프①로 컵에 꽂힌 딸기를 표현할게요. 먼저 모서리가 둥근 역삼각형 모양으로 마스킹 테이프를 찢어 주세요. 컵의 오른쪽 상단 모서리와 겹치게 붙입니다.

16 컵과 겹친 부분을 꾹 누르면 컵 테두리를 확인할 수 있습니다. 컵 테두리를 따라 앞서 붙인 마스킹 테이프를 칼로 오려 컵에 꽂힌 딸기를 표현합니다. 딸기 아래쪽 부분은 제거해 주세요.

17 연두색 패턴 마스킹 테이프⑤를 끝이 뾰족한 형태로 찢어 딸기 위에 붙입니다.

18 계속 이어 붙여 딸기 꽃받침을 만들어 주세요. 컵에 꽂힌 딸기가 완성되었습니다.

19 분홍색 패턴 마스킹 테이프①를 먼저 만든 딸기보다 작은 크기로 찢어 음료 위 여백에 비스듬히 붙여 주세요.

20 꽃받침을 만들어 줍니다.

21

22

21 딸기를 하나 더 만들어 사선으로 붙여 주세요.

22 흰색 마스킹 테이프⑥를 짧고 가늘게 여러 번 오려 음료 위에 세로로 붙이고 작품을 마무리
합니다. 딸기 스무디 완성.

블루베리 케이크

동글동글 작고 귀여운 보랏빛의 블루베리,
영양가가 풍부해 많은 사람들이 건강을 위해서 즐겨 찾는 과일이죠.
하지만 가끔은 부드러운 케이크에 새콤달콤한 블루베리를 곁들여
더욱 맛있는 일탈을 즐겨 보세요.

① MT01D341 ② MT01P208 ③ MT01P193 ④ collage masking tape BROWN ⑤ MST-MKT11
⑥ collage masking tape GREEN ⑦ MT01P194 ⑧ MT01P312 ⑨ MT01P186

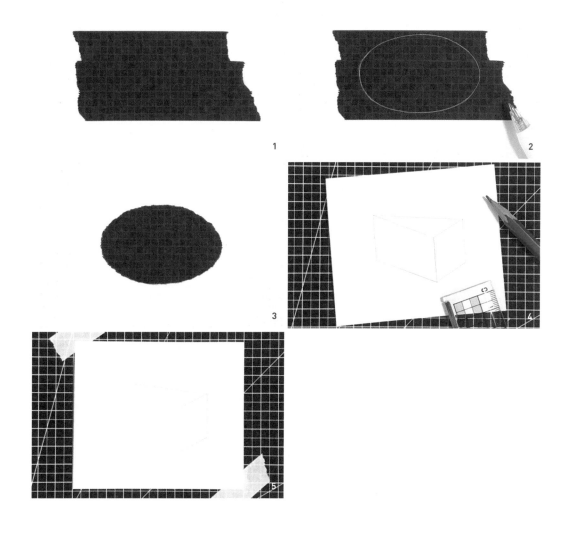

1. 검은색 패턴 마스킹 테이프(①)를 겹치지 않게 세 줄 붙여 주세요. 이때 마스킹 테이프 무늬를 맞춰 붙여 주세요.

2. 마스킹 테이프 위에 타원을 그린 다음 차례대로 하나씩 떼어 선을 따라 찢어 줍니다.

3. 스케치를 따라 찢은 마스킹 테이프는 모양과 길이를 맞춰 붙여 주세요. 접시가 완성되었습니다.

4. 흰색의 두꺼운 종이를 준비하고 연필과 자로 조각 케이크를 스케치합니다. 꼭 자를 사용하지 않아도 괜찮아요.

5. 케이크 단면의 스케치를 지우개로 살짝 지워 주세요.
    tip 연필로 스케치한 다음 그 위에 밝은 색 마스킹 테이프를 붙이면 연필 자국이 그대로 보여 지저분해 보일 수 있습니다. 마스킹 테이프를 붙이기 전 스케치 선을 살짝 지워 주는 것이 좋습니다.

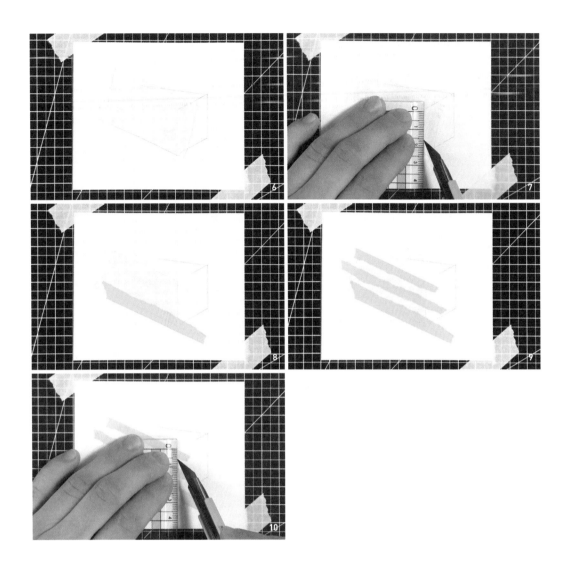

6   케이크 단면에 흰색 마스킹 테이프②를 두 줄 붙여 줍니다.

7   케이크 단면 바깥으로 튀어나온 마스킹 테이프는 자를 대고 칼로 오려 제거해 주세요.

8   연노란색 마스킹 테이프③를 케이크 단면 아래쪽 흰색 마스킹 테이프 위에 겹쳐 붙여 주세요.

9   단면 위쪽으로 간격을 동일하게 두고 두 번 더 붙여 줍니다.

10   케이크 단면 바깥으로 튀어나온 마스킹 테이프는 칼로 오려 떼어 주세요.

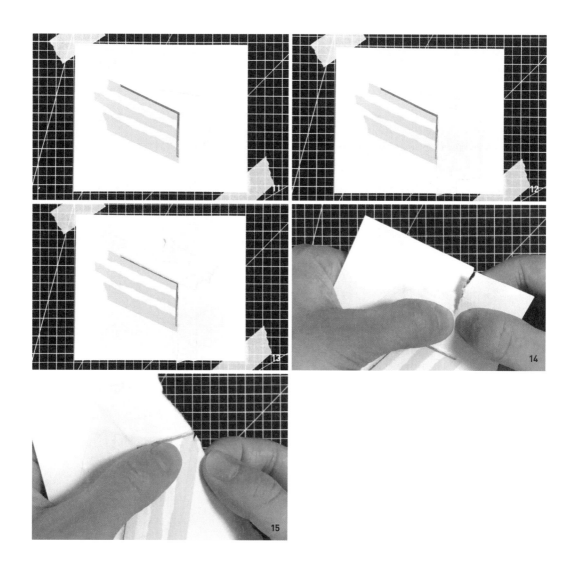

11 갈색의 콜라주 마스킹 테이프④를 칼로 가늘게 오려 단면 위쪽과 오른쪽 테두리에 붙여 주세요. 이어서 케이크 측면의 스케치를 지우개로 살짝 지워 줄게요.

12 케이크 측면에 흰색 마스킹 테이프②를 찢어 붙여 줍니다. 케이크 측면 위쪽으로 튀어나온 마스킹 테이프는 칼로 오려 제거해 주세요.

13 케이크 윗면에도 흰색 마스킹 테이프②를 찢어 붙여 줍니다. 윗면 전체가 모두 가려지도록 붙여 주세요. 케이크 측면으로 튀어나온 마스킹 테이프는 칼로 오려 제거합니다.

14 마스킹 테이프 위로 비쳐 보이는 스케치 선을 따라 찢어 주세요. 이때 종이와 마스킹 테이프를 함께 찢어 냅니다.

15 방향이 바뀔 때는 가위로 모서리에 흠집을 내고 찢어 주세요. 훨씬 수월하게 찢을 수 있습니다.

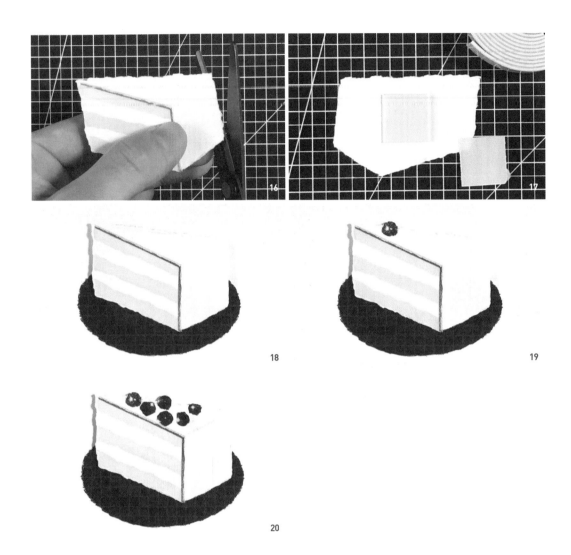

16   지나치게 울퉁불퉁한 모양으로 찢긴 부분은 가위로 다듬어 주세요.

17   찢어 낸 케이크를 뒤집어 두꺼운 양면테이프를 붙여 줍니다. 양면테이프가 없다면 마스킹
       테이프를 바깥쪽으로 한 바퀴 말아서 붙여 주세요.

18   미리 만들어 둔 검은색 접시 위에 케이크를 붙여 주세요.

19   어두운 보라색 마스킹 테이프⑤를 동그랗게 찢어 케이크 윗면에 붙여 줍니다.

20   같은 색상의 마스킹 테이프⑤를 윗면에 더 붙여 블루베리를 표현해 주세요. 민트 잎을 붙일
       부분을 남겨 둡니다.

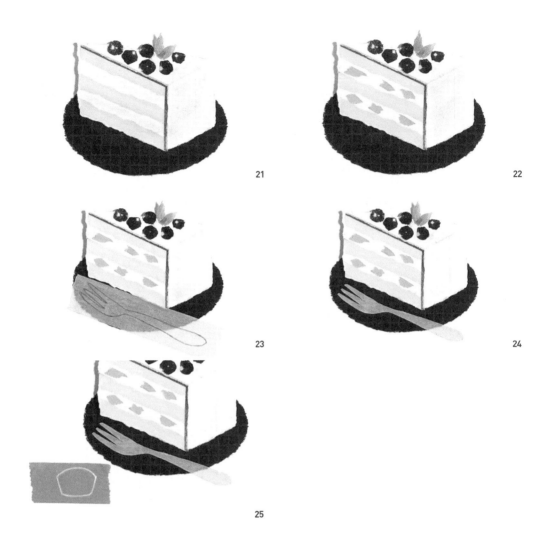

21 초록색의 콜라주 마스킹 테이프⑥를 끝이 뾰족한 잎 모양으로 2개 찢어 냅니다. 블루베리 사이에 V자 모양으로 아래가 겹치게 붙여 주세요.

22 노란색 마스킹 테이프⑦를 불규칙하게 찢어 케이크 단면 생크림에 붙여 줍니다.

23 연회색 마스킹 테이프⑧를 접시에 겹쳐 붙인 다음 연필로 포크를 스케치해 주세요.

24 스케치 선을 따라 칼로 오려 내고 나머지 부분을 제거해 포크를 만들어 주세요.

25 연보라색 마스킹 테이프⑨를 접시의 왼쪽 하단에 붙입니다. 그릇에 담긴 시럽 모양으로 스케치하고 칼로 오려 주세요.

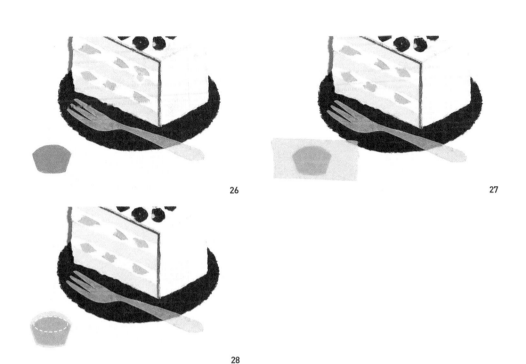

26   칼로 오린 부분을 제거해 시럽을 표현합니다.

27   연회색 마스킹 테이프⑧를 연보라색 마스킹 테이프 위에 겹쳐 붙여 주세요. 시럽 모양보다
        조금 더 크게 여백을 두고 칼로 오려 낸 다음 나머지 마스킹 테이프를 떼어 주세요.

28   시럽이 보이도록 점선을 따라 연회색 마스킹 테이프를 칼로 오려 냅니다.

29 흰색 마스킹 테이프②를 C자 모양으로 오려 시럽의 디테일을 표현해 주세요. 블루베리 케이크 완성.

카 페 테 이 블

오랜만에 친구와 함께 즐기는 여유,

평소 읽고 싶었던 책을 꺼내 정적인 시간을 보내는 것도 매력적이죠.

서로의 생각을 함께 나눠 보는 시간을 가지는 것은 어떨까요?

① MT01P202 ② MT01P208 ③ MT01P199 ④ collage masking tape GREEN ⑤ MT01P203 ⑥ MT01D299
⑦ MT01P201 ⑧ MT01P311 ⑨ MT01P195 ⑩ MT01P206 ⑪ MT01P193 ⑫ MT01P194

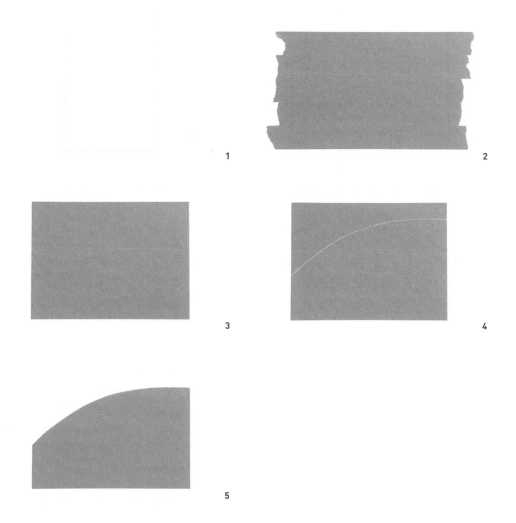

1   연필로 직사각형 프레임을 그려 주세요.

2   코르크 색상의 마스킹 테이프①를 여유 있게 찢은 다음 프레임 가장 아래쪽 테두리에 맞춰
       붙여 주세요. 위쪽으로 겹치지 않게 네 번 더 연결해 붙여 주세요.

3   프레임 양옆 바깥쪽으로 튀어나온 마스킹 테이프는 자를 대고 칼로 오려 줍니다.

4   흰색 펜으로 카페 테이블의 일부를 스케치합니다.

    5   스케치 선을 따라 칼로 오리고 오려 낸 마스킹 테이프는 차례대로 하나씩 떼어 제거합니다.

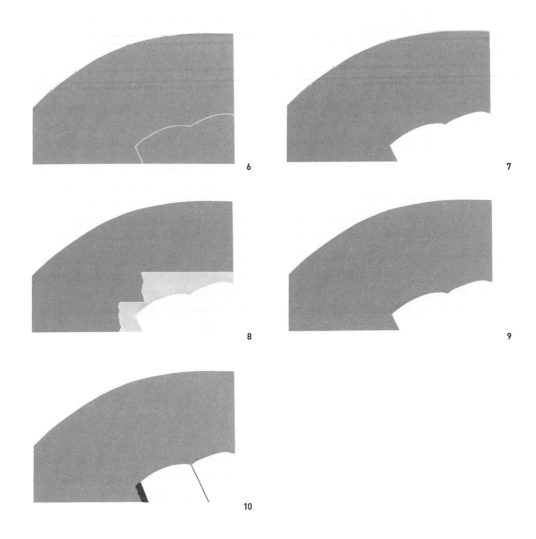

6 프레임 오른쪽 하단에 펼쳐진 책을 스케치하고 선을 따라 칼로 오려 주세요.

7 오려 낸 마스킹 테이프는 떼어 제거합니다. 책의 아래쪽과 오른쪽의 프레임 스케치는 지우개로 지워 주세요.

8 책 위에 흰색 마스킹 테이프(②)를 붙여 줍니다. 프레임 오른쪽 바깥으로 튀어나온 흰색 마스킹 테이프는 자를 대고 칼로 오려 주세요.

9 비치는 책 모양을 따라 흰색 마스킹 테이프를 칼로 오려 줍니다. 책을 제외한 나머지 흰색 마스킹 테이프는 떼어 제거해 주세요.

10 먹색 마스킹 테이프(③)를 칼로 아주 가늘게 오려 책이 접히는 부분에 붙입니다. 같은 색상의 마스킹 테이프를 찢어 책 왼쪽에 붙이고 커버를 표현합니다. 프레임 바깥으로 튀어나온 마스킹 테이프는 칼로 오려 아래쪽 길이를 맞춰 주세요.

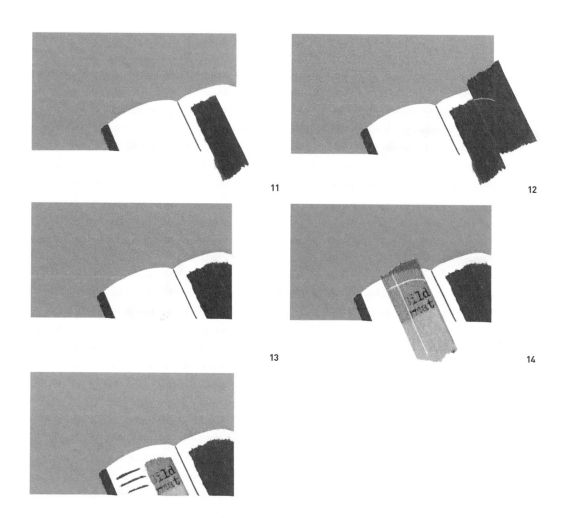

11 먹색 마스킹 테이프③를 굵게 찢어 책의 오른쪽 페이지에 여백을 조금 두고 붙여 주세요.

12 같은 색상의 마스킹 테이프③를 앞서 붙인 마스킹 테이프와 겹치지 않게 선을 맞춰 이어 붙인 다음 흰색 펜으로 찢어 낼 부분을 그려 줍니다.

13 마스킹 테이프를 떼어 내고 스케치 선을 따라 찢어 준 다음 다시 제자리에 붙여 주세요. 프레임 밖으로 튀어나온 마스킹 테이프는 칼로 오려 제거해 주세요. 책의 오른쪽 페이지가 완성되었습니다.

14 초록색의 콜라주 마스킹 테이프④를 왼쪽 페이지에 붙이고 책 내용이 될 일부를 흰색 펜으로 표시한 다음 떼어 찢어 줍니다. 프레임 바깥쪽의 마스킹 테이프는 칼로 오려 제거해 주세요.

15 왼쪽 페이지 이미지 옆에 먹색 마스킹 테이프③를 가늘게 찢어 붙여 글씨를 표현해 주세요.

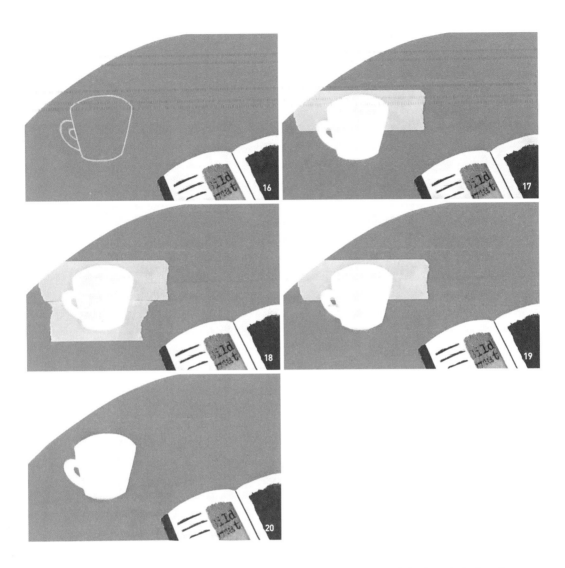

16 테이블 왼쪽에 커피 잔을 스케치하고 칼로 선을 따라 오려 낸 다음 커피 잔 부분의 마스킹 테이프를 떼어 제거합니다.
    tip 이때 코르크 색상의 마스킹 테이프를 남겨 잔의 몸통과 손잡이 사이 공간을 표현합니다.

17 커피 잔 위에 흰색 마스킹 테이프②를 붙입니다. 잔의 몸통과 손잡이 사이 공간에 코르크 색상의 마스킹 테이프가 아주 작게 오려져 있기 때문에 이 부분을 한꺼번에 가려 붙이면 흰색 마스킹 테이프를 떼어 낼 때 함께 제거될 수 있습니다. 흰색 마스킹 테이프를 붙이되 코르크 색상의 마스킹 테이프가 절반만 가려지도록 붙여 주세요.

18 오려 낸 커피 잔의 모양이 전부 가려지도록 선을 맞춰 같은 색상의 마스킹 테이프②를 한 번 더 찢어 붙이고 비치는 커피 잔의 모양을 따라 칼로 오려 냅니다.

19 오려 낸 마스킹 테이프는 제거하고 잔의 몸통과 손잡이 사이 공간 위에 붙인 흰색 마스킹 테이프도 떼어 제거합니다. 위쪽의 마스킹 테이프도 제거해 주세요.

20 흰색 커피 잔이 완성되었습니다.

21 갈색 마스킹 테이프⑤를 타원형으로 찢어 커피 잔 위에 여백을 조금 남기고 붙여 주세요. 커피 잔이 채워졌습니다.

22 원형의 코스터를 그린 다음 칼로 오려 제거해 주세요.

23 코스터 위에 빨간색 패턴 마스킹 테이프⑥를 붙여 주세요.

24 마스킹 테이프 위로 비치는 코스터 테두리를 따라 칼로 오려 냅니다. 오려 낸 나머지 마스킹 테이프는 제거해 주세요.

25 튤립을 만들어 볼게요. 테이블 오른쪽 상단에 가늘게 자른 카키색 마스킹 테이프⑦ 2개를 교차해 붙여 줍니다. 같은 색상의 테이프를 끝이 뾰족한 형태로 둥글게 찢어 줄기 위쪽에 붙이고 잎을 표현합니다.

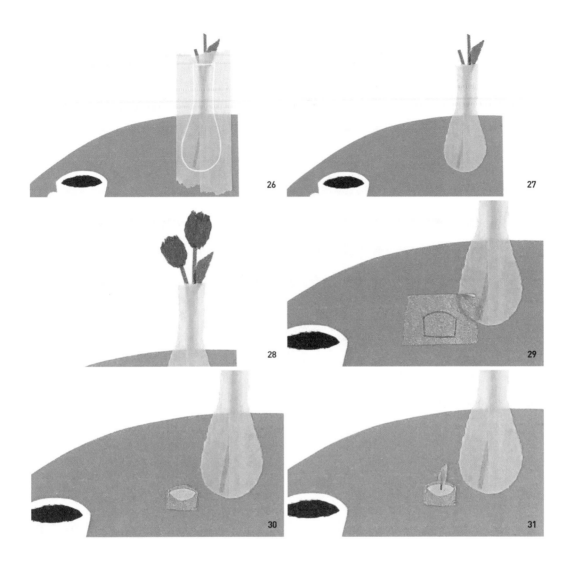

26 　줄기 위로 파스텔 브라운 마스킹 테이프⑧를 가운데가 조금 겹치게 세로로 두 줄 붙여 줍니
　　다. 호리병 모양의 꽃병을 그린 다음 떼어 내고 선을 따라 찢어 주세요.

27 　찢어 낸 마스킹 테이프는 다시 제자리에 붙여 줍니다.

28 　자주색 마스킹 테이프⑨를 동그스름하게 찢어 줄기 끝에 맞춰 붙이고 꽃의 윗부분에 칼로
　　조금씩 홈집을 내어 튤립을 표현합니다.

29 　미니 양초 홀더를 만들어 볼게요. 먼저 은색 마스킹 테이프⑩를 꽃병 아래쪽에 붙여 주세
　　요. 연필로 아래쪽은 네모나게, 위쪽은 둥글게 스케치한 다음 선을 따라 칼로 오려 주세요.

30 　연노란색 마스킹 테이프⑪를 타원형으로 오려 홀더 위쪽에 여백을 조금 두고 붙여 줍니다.

31 　먹색 마스킹 테이프③를 칼로 아주 가늘게 오린 다음 양초 가운데에 붙여 심지를 표현하고
　　노란색 마스킹 테이프⑫를 작은 타원형으로 오려 심지 끝에 붙이고 촛불을 표현해 주세요.

32 파스텔 브라운 마스킹 테이프(⑧)를 곡선 모양으로 오려 모락모락 피어오르는 김을 표현해 줍니다. 카페 테이블 완성.

기념사진

친구와 함께한 소중한 오늘이 오랫동안 기억에 남도록 사진을 찍어 보세요.

언젠가 시간이 지나 다시 이 사진을 펼쳐 볼 때면

추억이 배가되어 이날의 온기를 흠뻑 느낄 수 있을 거예요.

① MST-MKT180-PK ② DARK BROWN ③ MST-MKT08 FUXIA PINK ④ MT01P203 ⑤ MT01P200

⑥ MT01D341 ⑦ ten to sen MUSTARD 26534-03 ⑧ MST-MKT29-A

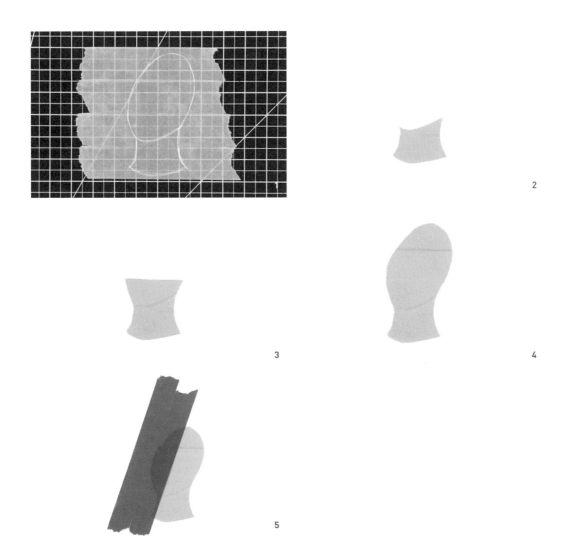

1 커팅 매트에 살구색 마스킹 테이프①를 세 줄 붙이고 흰색 펜으로 동그스름한 얼굴과 목선
   을 스케치한 다음 칼로 오려 주세요.

2 목 부분부터 떼어 종이에 옮겨 붙입니다.

3 얼굴 아랫부분을 붙일 때 목과 살짝 겹치게 붙여 턱 선을 표현해 주세요.

4 나머지 마스킹 테이프도 옮겨 붙입니다.

5 갈색 마스킹 테이프②를 여유 있게 찢어 얼굴의 절반이 가려지도록 비스듬하게 두 줄 붙여
   줍니다. 겹치지 않게 선을 맞춰 붙여 주세요.

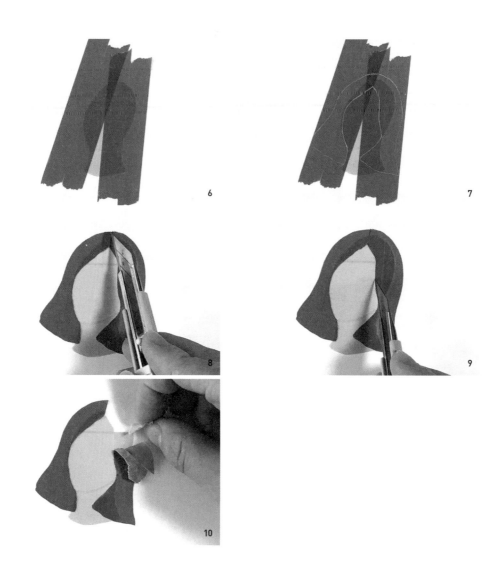

6   같은 색상의 마스킹 테이프(②) 두 줄을 반대쪽에도 비스듬하게 붙여 줍니다.

7   헤어스타일을 스케치하고 칼로 스케치 선을 따라 오려 낸 다음 나머지 마스킹 테이프는 떼어 주세요.

8   머리 위쪽에 겹쳐서 도드라져 보이는 갈색 마스킹 테이프를 칼로 오려 제거합니다.

9   갈색 마스킹 테이프와 겹친 얼굴과 목 부분의 마스킹 테이프도 칼로 오려 제거할게요. 먼저 얼굴과 머리카락의 경계선에 칼을 대고 목 부분까지 오려 내세요.

10 머리카락을 살짝 떼어 얼굴 부분 살구색 마스킹 테이프를 제거합니다.

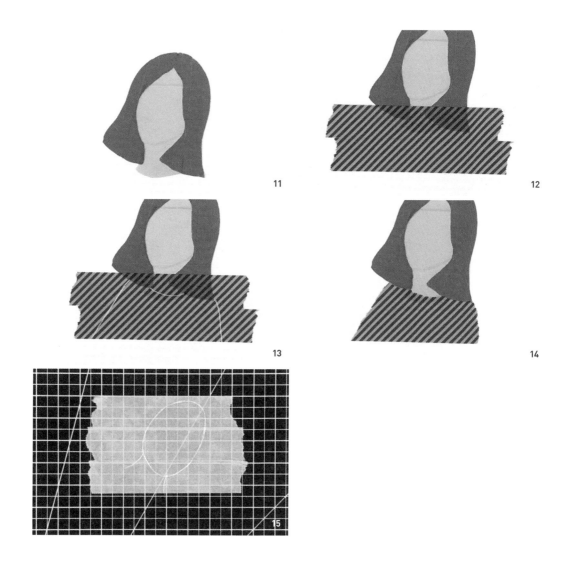

11 갈색 마스킹 테이프와 겹친 살구색 마스킹 테이프를 모두 제거하고 머리카락을 다시 붙여 주세요.

12 보라색 패턴 마스킹 테이프③를 목과 겹치도록 선을 맞춰 두 줄 이어 붙여 줍니다.

13 네크라인과 어깨선을 스케치하고 하나씩 떼어 선을 따라 찢어 주세요.

14 찢어 낸 마스킹 테이프는 다시 제자리에 붙여 줍니다.

15 커팅 매트에 살구색 마스킹 테이프①를 세 줄 붙이고 오른쪽으로 비스듬히 기울어진 얼굴을 스케치해 주세요.

16 스케치 선을 따라 칼로 오려 내는데 스케치가 마무리되지 않은 왼쪽 목선은 화살표 방향으로 꺾어서 오려 냅니다.

17 목 부분부터 떼어 앞서 만든 친구 옆에 간격을 두고 붙여 줍니다.

18 얼굴 아랫부분을 목과 살짝 겹치게 붙이고 나머지 얼굴도 옮겨 붙입니다.

19 어두운 갈색 마스킹 테이프④를 얼굴이 모두 가려지도록 붙인 뒤 단발머리를 스케치하고 칼로 오려 주세요.

20 오려 낸 나머지 마스킹 테이프는 제거합니다.

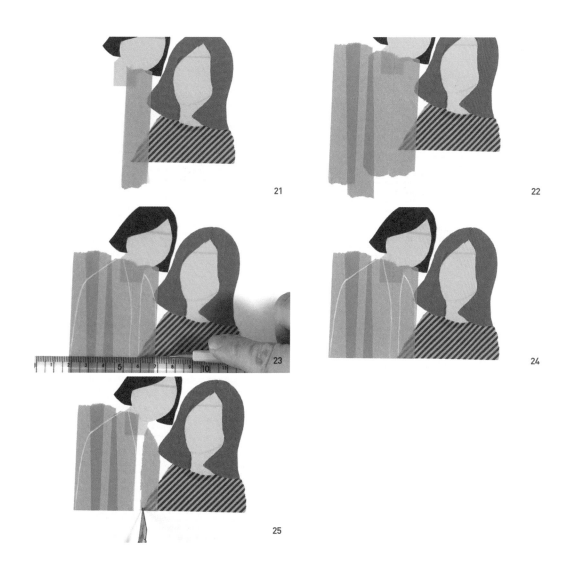

21 베이지색 마스킹 테이프⑤를 목과 겹치도록 세로로 길게 붙여 줄게요.

22 같은 색상의 마스킹 테이프⑤를 왼쪽 방향으로 불규칙하게 세 줄 겹쳐 붙여 줍니다.

23 재킷을 스케치하고 친구의 상의 길이에 맞춰 칼로 오려 내어 주세요.

24 오려 낸 나머지 마스킹 테이프는 제거하고 스케치한 재킷의 오른쪽부터 떼어 찢어 줍니다.

25 찢어 낸 마스킹 테이프는 다시 목선에 맞춰 제자리에 붙이고 보라색 상의와 겹친 부분은 칼로 오려 떼어 주세요. 재킷의 왼쪽 부분을 동시에 떼어 선을 따라 찢어 줍니다.

26   찢어 낸 마스킹 테이프를 다시 붙여 주세요.

27   오픈된 재킷 가운데에 검은색 패턴 마스킹 테이프⑥를 붙여 주세요. 재킷과 겹친 검은색 패
      턴 마스킹 테이프는 칼로 오려 제거하고 재킷 길이에 맞춰 점선을 따라 오려 냅니다.

28   오려 낸 검은색 패턴 마스킹 테이프는 제거해 주세요.

29   살구색 마스킹 테이프①를 티셔츠와 목에 겹치도록 붙인 다음 비치는 흰색 바탕 테두리를
      따라 칼로 오려 내고 나머지 마스킹 테이프는 제거합니다.

30   노란색 패턴 마스킹 테이프⑦를 가늘게 찢어 어깨에 붙이고 길이를 맞춰 칼로 오려 가방끈
      을 표현합니다.

31 필름 패턴의 마스킹 테이프(⑧)를 위쪽과 아래쪽에 가로로 길게 붙여 장식한 다음 마무리하
면 친구 완성.

Part 5

하루를
정리하다

캔들

기분 좋은 향과 함께 하루를 마무리해 보세요.
촛불이 타닥타닥 소리를 내며 타오르는 것만 바라봐도
산만했던 머릿속이 차분해지며 금세 안정을 느끼게 됩니다.

① MST-MKT45-GD ② IR00901P ③ MT01D226 ④ MT01P312 ⑤ collage masking tape BLUE ⑥ MT01D116

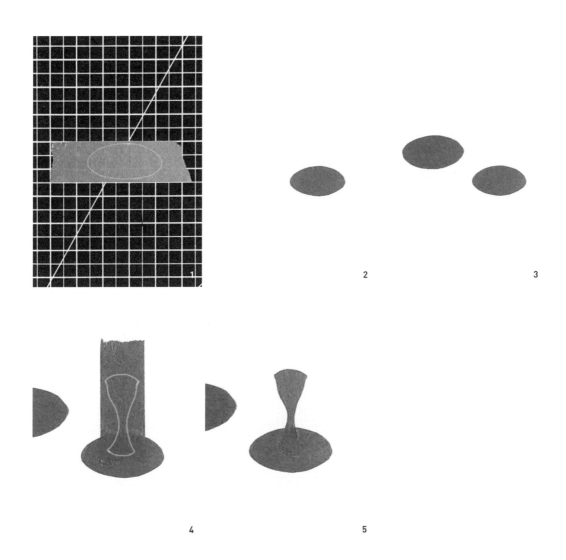

1 커팅 매트에 금색 마스킹 테이프①를 한 줄 붙이고 흰색 펜으로 타원을 그립니다. 스케치
 선을 따라 칼로 오려 내고 떼어 주세요.

2 떼어 낸 마스킹 테이프는 종이에 옮겨 붙입니다.

3 같은 방법으로 타원을 하나 더 만들어 먼저 붙인 마스킹 테이프의 왼쪽 대각선 위에 옮겨 붙
 입니다.

4 오른쪽 촛대 받침 위에 같은 색상의 마스킹 테이프①를 세로로 한 줄 겹쳐 붙인 다음 촛대
 를 스케치하고 칼로 오려 주세요.

5 오려 낸 나머지 마스킹 테이프는 제거합니다.

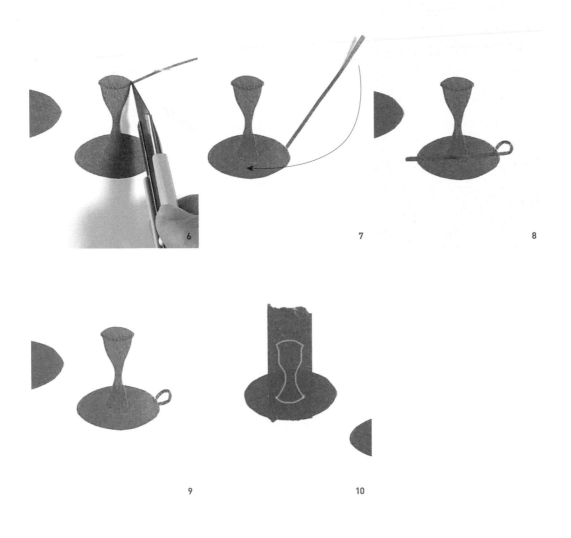

6   같은 색상의 마스킹 테이프①를 가늘게 오린 다음 촛대의 입구에 둥글게 붙여 촛대를 입체
    적으로 표현합니다. 촛대 입구 길이에 맞춰 칼로 오려 제거해 주세요.

7   가는 선을 하나 더 준비해 촛대 받침 오른쪽 테두리에 한쪽 끝을 붙여 주세요. 붙인 부분을
    왼손 손가락으로 눌러 고정한 다음 다른 한쪽 끝부분을 잡고 화살표 방향으로 움직여서 고
    리를 만들어 줍니다.

8   촛대 받침 위로 넘어가는 마스킹 테이프는 칼로 오려 제거해 주세요.

9   오른쪽 촛대가 완성되었어요.

10 왼쪽 촛대도 만들어 볼게요. 촛대 받침 위에 같은 색상의 마스킹 테이프①를 세로로 붙이고
    앞서 만든 촛대보다 작은 촛대를 스케치해 주세요. 스케치 선을 따라 칼로 오려 내고 나머지
    는 제거해 줍니다.

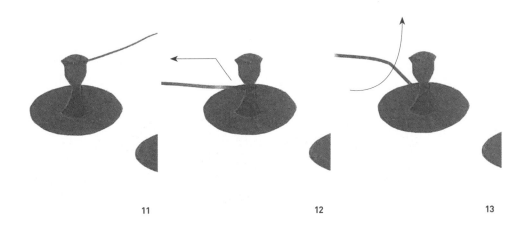

11 촛대 입구에 가는 선을 둥글게 붙이고 입구 길이에 맞춰 칼로 오려 주세요.

12 가는 선을 한 번 더 만들어 촛대의 목에 가로로 붙여 주세요. 목에 붙인 부분을 손가락으로
눌러 고정한 다음 다른 한쪽 끝부분을 잡고 화살표 모양대로 각을 잡아 줍니다.

13 각을 잡은 다음 계속해서 끝부분을 잡고 화살표 방향으로 감아 올려 고리를 만들어 주세요.

14 동그랗게 감겨 위로 올라가는 시작 부분을 칼로 오려 낸 다음 나머지 마스킹 테이프는 제거
해 줄게요.

15 왼쪽 촛대가 완성되었습니다.

16 파란색 마스킹 테이프②를 세로로 길게 찢어 촛대 입구에 붙여 주세요. 윗부분은 사선으로 찢어 캔들이 녹아내린 모습을 표현합니다. 촛대 입구를 넘어간 마스킹 테이프는 점선을 따라 칼로 오려 내고 제거합니다.

17 파란색 마스킹 테이프와 겹친 촛대를 제거하기 위해 겹친 테두리를 따라 칼로 오려 줍니다.

18 캔들 아랫부분을 살짝 떼어 낸 다음 오려 낸 촛대의 마스킹 테이프는 제거해 주세요.

19 캔들 아랫부분을 제자리에 붙여 주세요. 회색 패턴 마스킹 테이프③를 아주 가늘게 오려 캔들 위쪽에 붙여 줍니다.

20 앞서 캔들을 만든 방법과 같이 나머지 촛대에도 연회색 마스킹 테이프④로 캔들을 만들어 붙여 주세요.

21 하늘색의 콜라주 마스킹 테이프⑤와 주황색 패턴 마스킹 테이프⑥를 가늘게 오려 주변을
장식해 마무리 합니다. 캔들 완성.

세안 도구

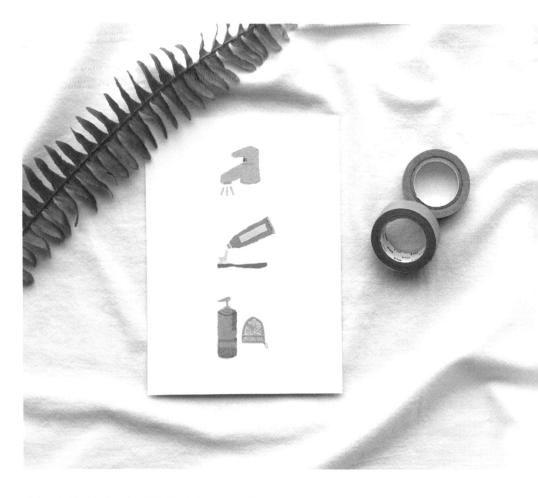

지치고 피곤한 마음에 그대로 침대에 누워 버리고 싶겠지만
하루 동안 쌓인 각종 세균과 먼지는 건강에 치명적일 수 있어요.
묵은 때를 개운하게 씻어 내고 상쾌한 기분으로 잠자리에 들도록 해요.

① MT01P206 ② MST-MKT01 RED ③ MT01P198 ④ collage masking tape BLUE ⑤ MT01P208 ⑥ MT01P187
⑦ MT01D226 ⑧ collage masking tape GREEN ⑨ MT01P200 ⑩ ten to sen MUSTARD 26534-03

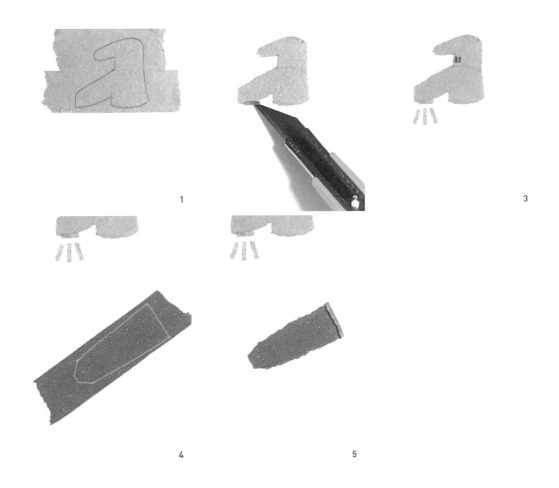

1   은색 마스킹 테이프①를 선을 맞춰 두 줄 연결해 붙인 다음 연필로 수도꼭지를 스케치하고 하나씩 떼어 찢어 주세요.

2   다시 제자리에 붙이고 찢어 낸 경계선에 연필 선이 남았다면 지우개로 살살 지웁니다. 같은 마스킹 테이프①를 칼로 가늘게 오려 수도꼭지 입구가 돌출되어 보이도록 가로로 붙여 주세요.

3   빨간색과 파란색 마스킹 테이프②. ③를 아주 가늘고 짧게 오려 손잡이 아래쪽에 세로로 붙여 줍니다. 수도꼭지 입구 아래에 하늘색의 콜라주 마스킹 테이프④를 가늘게 오려 세로로 붙이고 물줄기를 표현해 주세요. 수도꼭지를 완성했습니다.

4   수도꼭지 아래에 파란색 마스킹 테이프③를 비스듬히 붙여 줍니다. 흰색 펜으로 치약 튜브를 그려 주세요. 스케치한 마스킹 테이프는 떼어 내고 선을 따라 찢어 줍니다.

5   찢어 낸 치약 튜브를 제자리에 붙인 다음 튜브의 오른쪽 끝부분을 살짝 떼어 왼쪽으로 조금 접어 주세요. 간단하지만 입체적으로 표현할 수 있는 좋은 방법입니다.

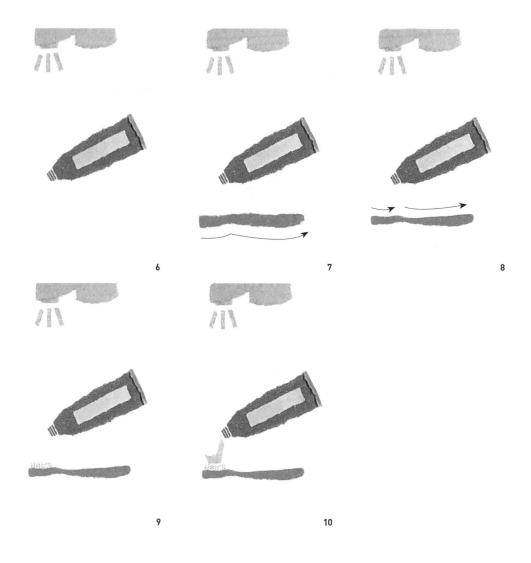

6   7   8

9   10

6   같은 색상의 마스킹 테이프③를 아주 가늘게 오려 치약 튜브의 왼쪽 끝에 붙여 줍니다. 겹치지 않게 조금씩 간격을 두고 붙여 튜브 입구를 표현해 주세요. 흰색 마스킹 테이프⑤를 직사각형으로 찢어 치약 튜브 전면에 붙여 줍니다.

7   칫솔을 만들어 볼게요. 주황색 마스킹 테이프⑥를 가늘게 일자로 찢어 내는데 이때 칫솔의 아래가 될 부분을 표시한 화살표와 같이 곡선 모양으로 찢어 줍니다.

8   칫솔 머리와 손잡이 부분을 완만한 곡선 모양으로 오려 디테일을 표현해 줄게요.

9   칫솔 머리에 회색 패턴 마스킹 테이프⑦를 아주 가늘게 여러 번 오려 세로로 붙여 줍니다. 칫솔모를 만들었습니다.

10   하늘색의 콜라주 마스킹 테이프④를 칼로 오려 튜브에서 치약이 나오는 모습을 표현합니다. 칫솔모 위에 붙여 주세요.

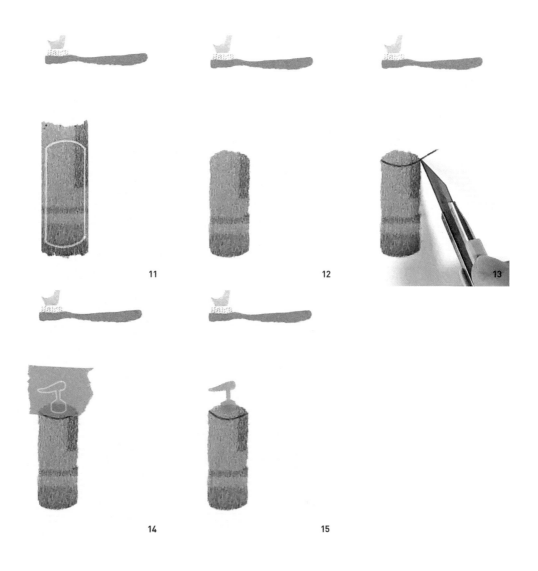

11 칫솔 아래에 초록색의 콜라주 마스킹 테이프⑧를 찢어서 세로로 붙인 다음 원기둥을 스케
    치해 주세요. 스케치한 마스킹 테이프는 떼어 내고 선을 따라 찢어 주는데 여백이 부족해 찢
    기 어려운 부분에는 가위로 흠집을 낸 뒤 조금씩 찢어 주세요.

12 찢어 낸 마스킹 테이프를 칫솔과 일정한 간격을 두고 붙여 줍니다.

13 초록색의 콜라주 마스킹 테이프⑧ 중 진한 부분을 가는 선으로 오리고 원기둥 윗부분 양쪽 꼭
    짓점에 맞춰 둥글게 붙입니다. 원기둥 밖으로 튀어나온 마스킹 테이프는 칼로 오려 주세요.

14 원기둥 위에 베이지색 마스킹 테이프⑨를 조금 찢어 붙입니다. 베이지색 마스킹 테이프를
    제거할 때 13에서 붙인 가는 선이 함께 제거되지 않도록 가는 선의 가운데 부분을 조금 남
    겨 두고 붙여 주세요. 펌프를 스케치하고 칼로 오려 낸 다음 나머지 마스킹 테이프는 제거
    합니다.

15 클렌징 폼이 완성되었습니다.

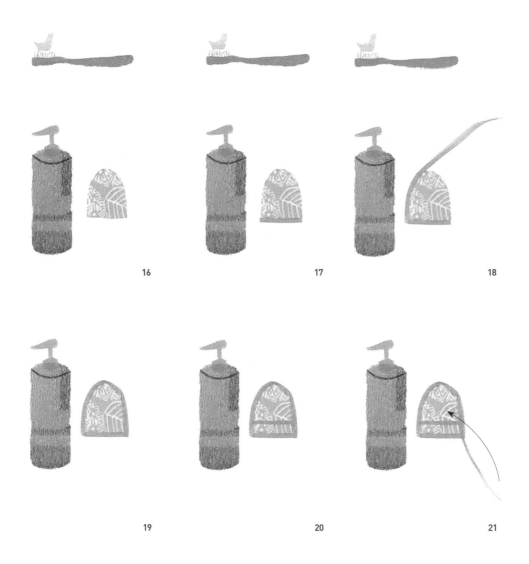

16   노란색 세안 타월을 만들어 보겠습니다. 먼저 노란색 패턴 마스킹 테이프(⑩)를 세로가 긴 반원 모양으로 찢어 클렌징 폼 옆에 간격을 두고 붙여 주세요.

17   베이지색 마스킹 테이프(⑨)를 가는 선으로 오려 세안 타월의 아래 선에 맞춰 붙여 줍니다.

18   같은 색상의 마스킹 테이프(⑨)를 가는 선으로 오려 세안 타월의 둥근 부분을 모두 감아 볼게요. 먼저 왼쪽 모서리에 가는 선을 붙이고 붙인 부분을 한쪽 손가락으로 고정한 다음 다른쪽 손가락으로는 끝부분을 잡고 타월의 테두리를 따라 곡선 모양으로 움직여 주세요.

19   맞은편까지 곡선 모양으로 꺾어 붙이고 아래쪽 테두리 길이에 맞춰 칼로 오려 냅니다.

20   세안 타월 위에 가는 선을 하나 더 붙여 손 넣는 구멍을 만들어 줄게요.

21   같은 색상의 마스킹 테이프(⑨)를 아주 가늘게 오려 세안 타월의 오른쪽 아래 모서리에 맞춰 붙여 줍니다. 모서리에 붙인 마스킹 테이프는 손가락으로 눌러 고정하고 다른 손가락으로는 마스킹 테이프의 끝부분을 잡고 화살표 방향으로 꼬아 옮겨 주세요.

22

23

22　세안 타월 위로 올라간 나머지 마스킹 테이프는 칼로 오려 제거합니다.

　　23　세안 도구 완성.

밤하늘

어두운 밤을 밝혀 주는 환한 보름달,

때로는 달을 바라보는 것만으로도 큰 위로를 받아요.

오늘도 하늘에 뜬 예쁜 달을 바라보며 하루를 마무리할 수 있음에 감사함을 느껴요.

① MT01P199 ② MT01P196 ③ MT01P312 ④ MT01P207 ⑤ MT01P193

1   2   3

4   5   6

1   연필로 직사각형 프레임을 그려 주세요.

2   먹색 마스킹 테이프①를 프레임 위쪽 테두리에 맞춰 아래로 두 번 먼저 붙인 다음 위쪽에 한 번 더 두 겹으로 불규칙하게 겹쳐 붙여 음영을 표현합니다. 이때 수평을 맞춰 붙여 주세요.

3   아래쪽 여백을 1/3 정도 남기고 붙인 다음 프레임 밖으로 나온 마스킹 테이프는 자를 대고 칼로 오려 제거해 주세요.

4   같은 색상의 마스킹 테이프① 한쪽 면을 손으로 울퉁불퉁하게 찢어 먹색 바탕 위에 붙여 줍니다. 마스킹 테이프를 찢어 낸 다음 겹쳐 붙이면 하얀 라인이 생겨 자연스러운 구름을 표현할 수 있어요. 프레임 밖으로 튀어나온 마스킹 테이프는 칼로 오려 제거합니다.

5   먹색 하늘 바탕 아랫부분에 잿빛 보라색 마스킹 테이프②를 울퉁불퉁하게 찢어 붙여 줄게요.

6   같은 색상의 마스킹 테이프②를 아래쪽으로 붙여 줍니다. 프레임의 맨 아래에 여백을 조금 남기고 붙여 주세요. 프레임 밖으로 나온 마스킹 테이프는 칼로 오려 제거합니다.

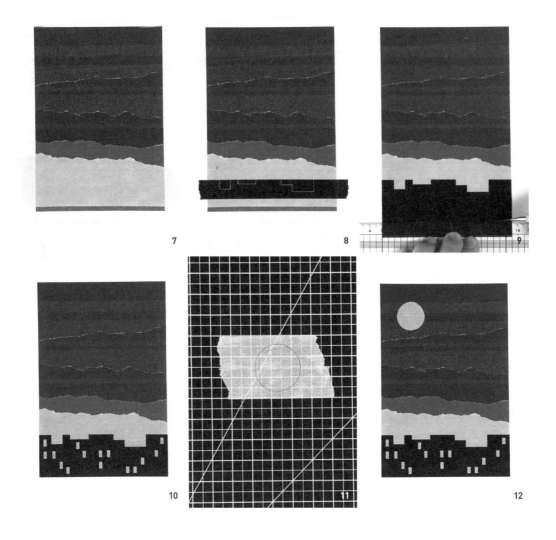

7 연회색 마스킹 테이프③를 잿빛 보라색 마스킹 테이프 위로 겹쳐 붙여 밝은 색 구름을 만들 게요. 프레임 바깥으로 나온 마스킹 테이프는 제거해 주세요.

8 검은색 마스킹 테이프④를 연회색 구름 위로 겹쳐 붙인 뒤 흰색 펜으로 건물 윤곽을 스케 치하고 칼로 오려 냅니다. 오려 낸 마스킹 테이프는 제거해 주세요.

9 검은색 마스킹 테이프로 여백을 모두 채워 붙인 다음 적당한 길이에서 자를 대고 칼로 오려 나머지 마스킹 테이프를 제거해 주세요.

10 검은색 마스킹 테이프 위에 작은 사각형으로 오린 연노란색 마스킹 테이프⑤를 붙여 불이 켜진 창문을 표현합니다.

11 커팅 매트에 연노란색 마스킹 테이프⑤를 겹치지 않게 두 줄 붙인 다음 연필로 동그라미를 스케치해 주세요. 스케치 선을 따라 칼로 오려 줍니다.

12 오려 낸 마스킹 테이프를 떼어 프레임 왼쪽 상단에 옮겨 붙이면 보름달이 표현됩니다.

13 검은색 마스킹 테이프④를 가늘게 오려 프레임 오른쪽 상단에 붙여 줍니다. 프레임 바깥쪽의 마스킹 테이프는 칼로 오려 내고 제거해 주세요.

14 같은 색상의 마스킹 테이프④를 타원 모양으로 오려 가는 선으로 표현한 줄기에 하나씩 번갈아 붙여 줍니다. 나머지 줄기에도 붙여 나뭇잎을 표현해 주세요.

15 연노란색 마스킹 테이프⑤를 작은 점으로 오린 다음 밤하늘 위에 붙여 총총히 빛나는 별을 표현하면 밤하늘 완성.

침대

지친 몸을 재충전하기 위해서는 충분한 숙면이 필요하겠죠?

단잠을 잘 수 있는 수면 환경을 만들어 보세요.

유칼립투스는 실내 공기 정화는 물론 심신 안정에도 좋아 불면증에 효과가 있다고 해요.

① MT01P311 ② 33 LINDA ③ DARK BROWN ④ MT01D299 ⑤ MST-MKT45-GD
⑥ ten to sen MOCHA BROWN 26534-02 ⑦ 05003-GRAY ⑧ MT01P199 ⑨ MT01P208 ⑩ MST-MKT01 RED

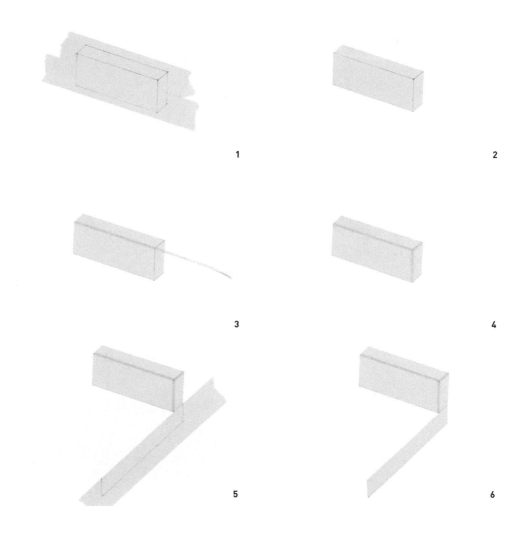

1 파스텔 브라운 마스킹 테이프①를 겹치지 않게 사선으로 두 줄 붙인 다음 자를 대고 연필로 직육면체 모양의 침대 헤드보드를 그려 줄게요. 칼로 바깥쪽 테두리를 따라 오려 주세요.

2 오려 낸 마스킹 테이프는 제거합니다.

3 같은 색상의 마스킹 테이프①를 가늘게 잘라 안쪽 스케치 선에 덧붙인 다음 길이를 맞춰 칼로 오려 주세요. 나머지 스케치 선에도 가늘게 자른 마스킹 테이프를 붙여 주세요.

4 침대 헤드보드를 완성했습니다.

5 같은 색상의 마스킹 테이프①를 길게 찢어 헤드보드의 오른쪽 측면 아래에 비스듬히 붙입니다. 연필로 침대 측면의 프레임을 스케치합니다. 스케치한 선을 따라 칼로 오려 주세요.

6 오려 낸 나머지 마스킹 테이프는 제거해 줍니다.

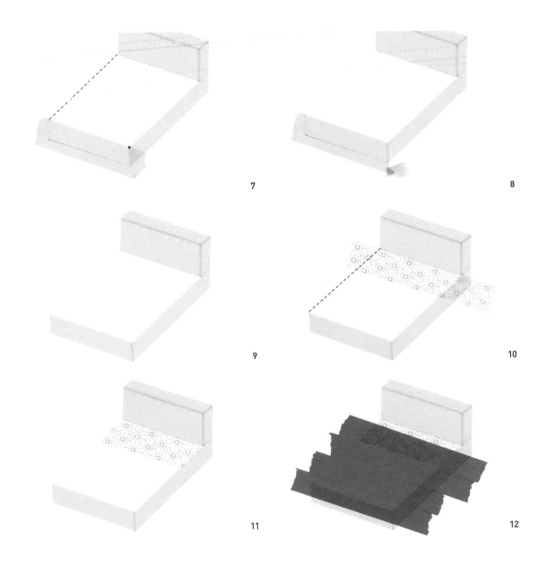

7 측면 프레임 상단 왼쪽 꼭짓점에 맞춰 헤드보드와 평행하도록 마스킹 테이프①를 길게 붙여 줍니다. 붙인 마스킹 테이프 위로 비친 측면 프레임 아래쪽 꼭짓점에 맞춰 직사각형을 스케치해 주세요. 가로 길이는 헤드보드와 같은 길이로 스케치합니다.

8 측면 프레임과 겹친 부분을 조금 남기고 오려 제거한 다음 나머지 부분은 스케치 선을 따라 칼로 오려 주세요.

9 오려 낸 마스킹 테이프는 떼어 줍니다.

10 반투명한 패턴의 마스킹 테이프②를 침대 헤드보드와 겹치지 않도록 선을 맞춰 두 줄 찢어 붙인 다음 점선을 따라 칼로 오려 주세요.

11 오려 낸 마스킹 테이프를 제거해 침대 패드의 일부를 표현합니다.

12 침대 패드의 윗부분을 조금 남기고 갈색 마스킹 테이프③를 서로 겹치지 않게 네 줄 찢어 붙여 줍니다.

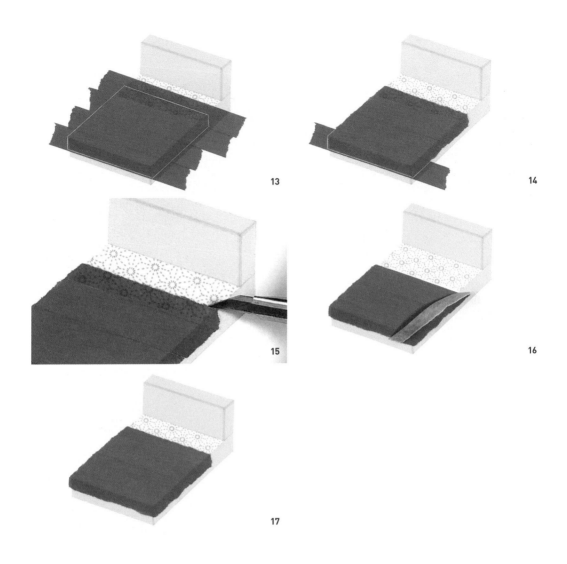

13 갈색 마스킹 테이프 위로 비친 프레임을 따라 흰색 펜으로 이불을 스케치해 주세요. 이때 이불의 왼쪽 부분은 침대 프레임보다 크게 스케치합니다. 위쪽부터 하나씩 떼어 찢어 주세요.

14 찢어 낸 마스킹 테이프는 선을 맞춰 제자리에 붙여 주세요. 마지막 마스킹 테이프의 아래쪽을 찢을 때 여백이 충분하지 않아 찢기 어려울 수 있으니 가위로 홈집을 내어 찢어 주세요.

15 이불 위쪽과 겹친 패드를 제거하기 위해 이불과 패드의 경계선을 따라 칼로 오려 주세요.

16 이불 윗부분의 마스킹 테이프는 잠시 떼어 내고 겹친 패드 부분을 떼어 제거합니다.

17 떼어 냈던 이불 윗부분의 마스킹 테이프는 다시 붙여 주세요.

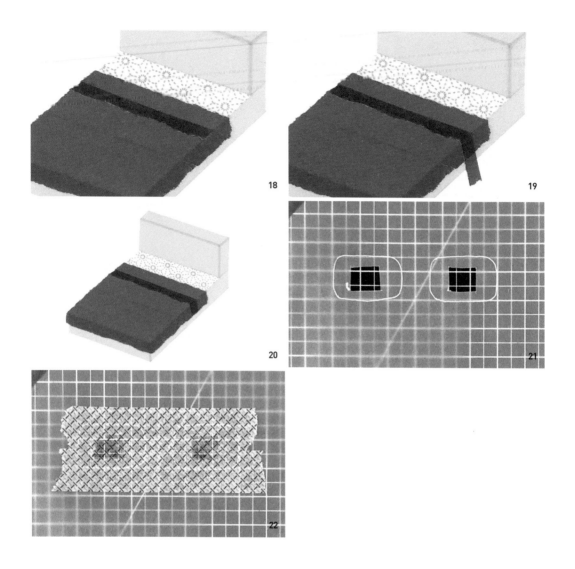

18 이불과 같은 색상의 마스킹 테이프③를 길게 찢어 이불 위쪽에 한 줄 겹쳐 붙여 주세요.

19 측면으로 꺾인 부분도 방향을 따라 한 줄 붙이고 이불 길이에 맞게 칼로 오려 줍니다.

20 오려 낸 마스킹 테이프를 제거하면 이불이 완성됩니다.

21 베개를 만들어 볼게요. 커팅 매트에 트레이싱 페이퍼를 대고 모서리가 둥근 직사각형을 두
개 그려 줍니다. 가운데를 칼로 네모나게 오려 구멍을 만들어 주세요.

22 빨간색 패턴 마스킹 테이프④를 스케치한 부분이 모두 가려지도록 가로로 두 줄 연결해 붙
여 줍니다.

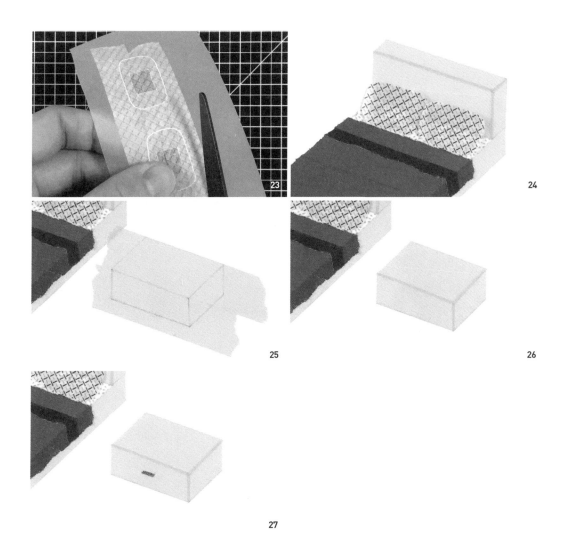

23 트레이싱 페이퍼를 알맞은 크기로 자른 다음 뒤집어 스케치 선을 따라 가위로 오려 주세요.

24 오려 낸 베개는 헤드보드 아랫부분과 침대 패드와 겹치게 붙여 줍니다.

25 침대 옆에 작은 탁자를 만들어 보겠습니다. 침대와 같은 파스텔 브라운 마스킹 테이프①를
    겹치지 않게 두 줄 연결해 붙인 다음 연필로 직육면체 모양을 스케치해 주세요. 바깥쪽 테두
    리를 따라 칼로 오려 줍니다.

26 오려 낸 마스킹 테이프는 제거하고 침대 헤드보드 표현 방법과 같은 방법으로 안쪽 스케치
    선에 가는 선을 덧붙입니다.

27 금색 마스킹 테이프⑤를 가는 선으로 짧게 오려 탁자의 앞면에 붙여 손잡이를 표현합니다.

28 갈색 패턴 마스킹 테이프⑥를 사다리꼴 모양으로 찢어 탁자 윗면에 붙여서 화분을 표현해
    줄게요. 그 위에 청록색 마스킹 테이프⑦를 조금씩 다른 길이로 가늘게 오려 내어 유칼립투
    스의 줄기를 만들어 줍니다.

29 청록색 마스킹 테이프⑦를 작고 동그랗게 오려 줄기에 하나씩 붙여 주세요. 나머지 줄기에
    도 동그란 잎을 만들어 붙여 줍니다.

30 유칼립투스가 완성되었습니다.

31 먹색 마스킹 테이프⑧를 네모나게 오려 탁자 윗면에 붙여 주세요.

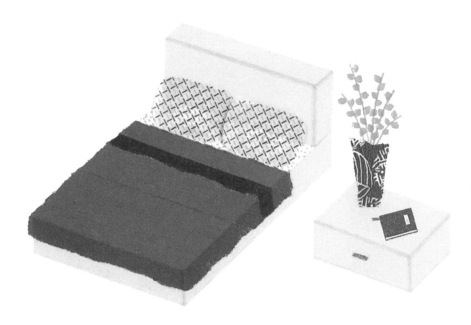

32

32 흰색 마스킹 테이프⑨로 책의 페이지와 제목을 표현해 주세요. 빨간색 마스킹 테이프⑩로
책 갈피끈을 표현하면 침대 완성.

파
자
마

잠들기 전 간단한 스트레칭으로 몸의 긴장을 풀고
하루 동안 뭉친 근육을 이완시켜 보세요.
짧은 명상과 함께 스트레칭을 하면 마음이 차분해지고 숙면에도 도움이 된답니다.

① MST-MKT180-PK ② MT01P203 ③ DOT 45022-06 ④ MT01P208 ⑤ MT01P312
⑥ collage masking tape BROWN ⑦ collage masking tape GREEN ⑧ 33 LINDA ⑨ MT01P199 ⑩ MT01D213
⑪ MTEX1P115

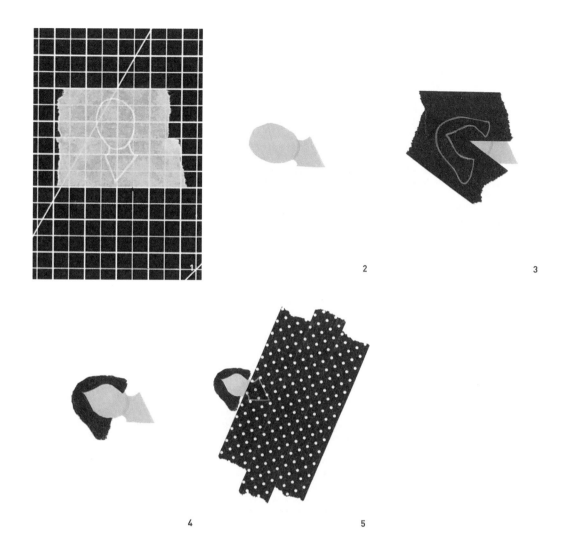

1   커팅 매트에 살구색 마스킹 테이프①를 두 줄 연결해 붙이고 흰색 펜으로 동그란 얼굴과 네
      크라인을 그려 주세요. 이때 목의 끝부분을 V자로 그려 줍니다. 스케치 선을 따라 칼로 오리
      고 커팅 매트에서 하나씩 떼어 주세요.

2   떼어 낸 마스킹 테이프는 왼쪽으로 비스듬히 기울여 종이에 옮겨 붙여 줍니다.

3   갈색 마스킹 테이프②를 얼굴보다 조금 크게 두 번 찢은 다음 얼굴이 가려지도록 겹쳐 붙입
      니다. 아래로 쏠린 단발머리 형태를 스케치해 주세요. 앞머리는 칼로 오리고 마스킹 테이프
      를 떼어 스케치 선을 따라 찢어 주세요.

4   찢어 낸 마스킹 테이프는 얼굴에 맞춰 다시 붙여 줍니다.

5   도트 패턴의 남색 마스킹 테이프③를 턱과 겹치게 한 줄 비스듬히 붙인 다음 선을 맞춰 두
      줄 더 연결해 붙여 주세요. 상의를 스케치하기 전, 목을 눌러 살구색 마스킹 테이프의 위치
      를 확인하고 펜으로 표시합니다. 표시된 선을 따라 칼로 오리고 떼어 주세요.

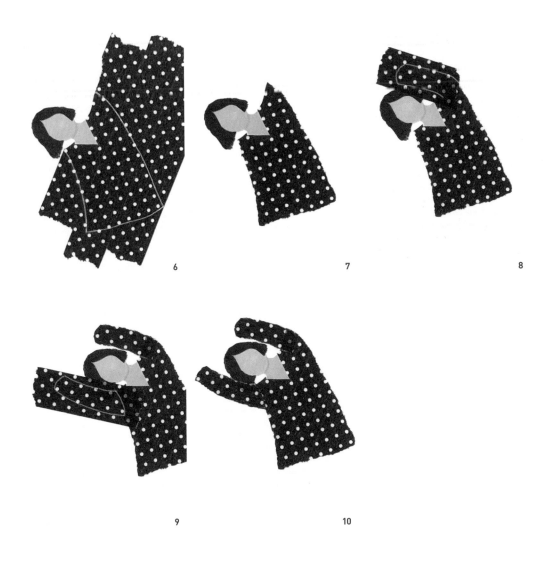

6   왼쪽으로 기울어진 몸통을 스케치하고 하나씩 떼어 선을 따라 찢어 줍니다.

7   찢어 낸 몸통을 제자리에 하나씩 붙여 주세요.

8   같은 색상의 마스킹 테이프③를 어깨와 머리카락에 겹치게 붙인 다음 소매를 스케치합니다. 소매 끝단은 둥글게 그려 주세요. 마스킹 테이프를 떼어 스케치 선을 따라 찢어 줍니다.

9   같은 색상의 마스킹 테이프③를 반대쪽 어깨와 머리카락과 살짝 겹치게 비스듬히 붙인 다음 소매를 스케치하고 떼어 찢어 주세요.

10   양쪽 소매를 표현했습니다.

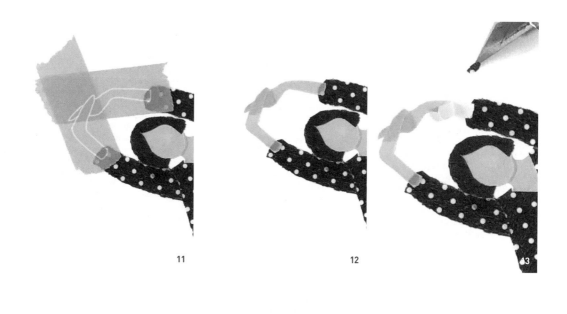

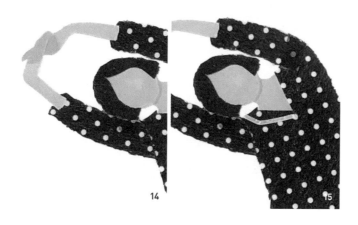

11 살구색 마스킹 테이프①를 두 번 찢어 한쪽 끝을 모아 붙여 줍니다. 각 부분을 소매 끝단과 겹치게 붙여 주세요. 깍지 낀 두 손을 스케치하고 칼로 오려 줍니다.

12 오려 낸 마스킹 테이프는 제거하고 소매 끝단과 겹친 살구색 마스킹 테이프 아래로 어둡게 비치는 남색 마스킹 테이프를 제거하기 위해 겹친 부분의 경계를 따라 칼로 오려 주세요.

13 살구색 마스킹 테이프를 살짝 떼어 낸 다음 소매 끝단의 남색 마스킹 테이프를 제거해 주세요. 반대쪽 마스킹 테이프도 제거한 다음 살구색 마스킹 테이프는 제자리에 붙여 줍니다.

14 소매가 입체적으로 표현되었습니다.

15 흰색 마스킹 테이프④로 둥근 칼라를 만들어 볼게요. 마스킹 테이프를 칼로 가늘게 오려 어깨 끝과 네크라인 끝을 맞춰 둥글게 붙여 줍니다.

16 17 18 19 20

16 같은 색상의 마스킹 테이프④를 길게 준비해 반대쪽 어깨부터 상의 밑단까지 연결해 붙인 다음 상의 길이에 맞춰 오려 주세요. 칼라는 둥글게 붙여 줍니다.

17 상의와 같은 색상의 마스킹 테이프③를 상의 아래쪽에 사선으로 길게 두 줄 겹쳐 붙여 줍니다. 상의와 겹친 부분은 칼로 오린 다음 떼어 주세요.

18 반대쪽도 마스킹 테이프를 두 줄 길게 찢어 사선으로 붙인 다음 상의와 겹친 부분을 오려 제거해 줍니다.

19 흰색 펜으로 바지를 스케치하고 하나씩 뗀 다음 선을 따라 찢어 주세요. 겹쳐서 찢기 어려운 부분은 가위로 오려 주세요.

20 파자마가 완성되었습니다.

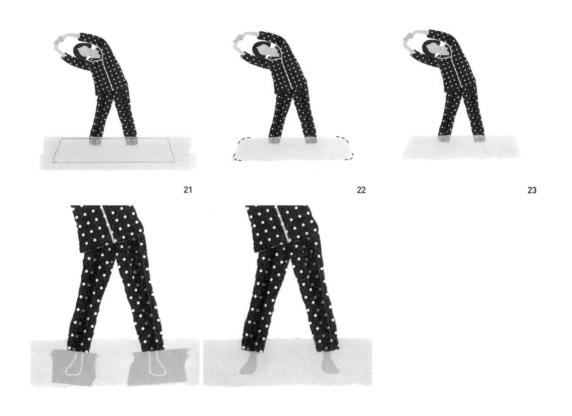

21 연회색 마스킹 테이프⑤를 바지 밑단과 겹치게 선을 맞춰 두 줄 붙여 주세요. 자를 대고 연필로 사다리꼴 모양 매트를 스케치합니다. 스케치 선을 따라 찢을 때 연필 선이 남지 않게 스케치 안쪽으로 찢어 주세요.

22 찢어 낸 마스킹 테이프는 선을 맞춰 제자리에 붙여 줍니다. 연필 선이 매트 테두리에 남았다면 가위로 조금씩 오려 다듬거나 지우개로 살살 지워 주세요. 점선을 따라 매트의 각 모서리를 칼로 둥글게 오려 주세요.

23 오려 낸 마스킹 테이프는 제거하고 바지 밑단과 겹친 마스킹 테이프도 칼로 오려 줄게요.

24 살구색 마스킹 테이프①를 바지 밑단 아래에 선을 맞춰 붙인 뒤 발을 스케치하고 칼로 오려 주세요.

25 오려 낸 마스킹 테이프는 제거해 주세요.

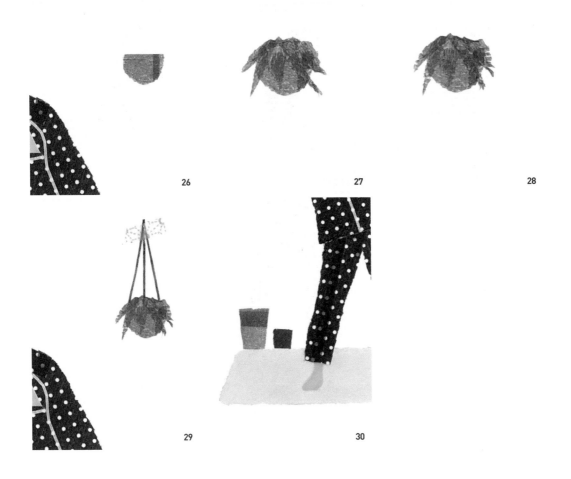

26

27

28

29

30

26 행잉 플랜트를 만들어 보겠습니다. 갈색의 콜라주 마스킹 테이프⑥를 반원 모양으로 찢어 오른쪽 상단 여백에 붙여 주세요.

27 초록색의 콜라주 마스킹 테이프⑦를 끝이 뾰족한 형태로 여러 번 찢은 다음 화분 위에 붙여 잎을 표현합니다.

28 칼을 이용해 잎에 가로로 홈집을 여러 번 내고 홈집 낸 곳을 살짝 벌려 잎의 디테일을 표현해 주세요.

29 갈색의 콜라주 마스킹 테이프⑥를 가는 선으로 길게 오려 화분에 연결하고 위쪽 끝을 모아 붙여 주세요. 반투명한 패턴의 마스킹 테이프⑧를 붙여 장식해 줍니다.

30 매트 왼쪽 상단 선에 맞춰 먹색과 갈색의 콜라주 마스킹 테이프⑨, ⑥를 네모나게 찢어 화분을 두 개 만들어 주세요.

31   초록색 패턴 마스킹 테이프(⑩, ⑪)로 화분 위에 선인장과 작은 다육 식물을 표현하면 파자마 완성.

Part 6

여행을
준비하다

제주도, 성산일출봉과 유채꽃

노랗게 흐드러진 유채꽃과 푸른 바다 위로 우뚝 솟은 성산일출봉,
성산일출봉은 바다 한가운데에서 화산이 폭발해 생겨난 흔치 않은 수성 화산으로
우리나라에서 일출이 가장 아름답기로 유명한 곳이죠.
이번 여행, 제주도부터 시작해 볼까요?

① MT01P307 ② MT01P198 ③ MT01P199 ④ MT01P208 ⑤ MT01P194 ⑥ MT01P193
⑦ EXPRESSIONS C314-P14 ⑧ MT01P204

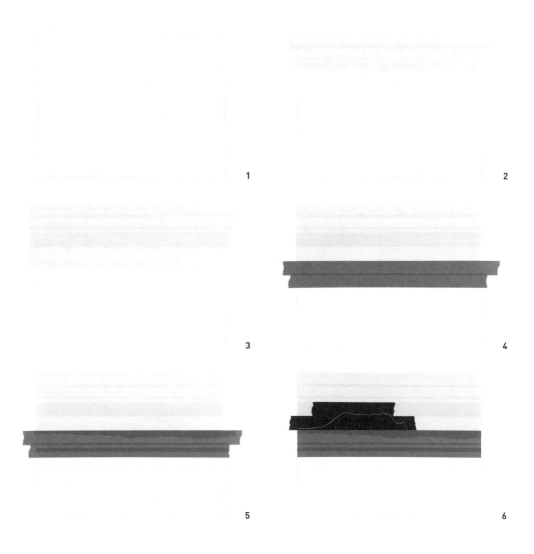

1   연필로 직사각형 프레임을 그려 줍니다.

2   푸른 하늘부터 표현할게요. 하늘색 마스킹 테이프①를 여유 있게 찢어 프레임 위쪽 테두리
    부터 아래쪽으로 가로로 길게 붙여 줍니다. 조금씩 겹치게 붙여 주세요.

3   두껍게 겹쳐 붙이기도 하면서 하늘을 채웁니다. 프레임 바깥으로 나온 마스킹 테이프는 칼
    로 오려 제거해 하늘 바탕을 완성해 주세요.

4   파란색 마스킹 테이프②를 하늘 바탕 아랫부분과 살짝 겹치게 붙여 주세요. 조금 겹치게 두
    줄 붙여 바다를 표현합니다.

5   같은 마스킹 테이프②를 불규칙한 곡선 모양으로 찢어 4에서 붙인 곳에 겹쳐 붙입니다. 가
    는 선으로도 오려 붙여 주세요. 프레임 바깥으로 나온 마스킹 테이프는 제거해 줄게요.

6   하늘과 바다의 경계선에 먹색 마스킹 테이프③를 프레임 왼쪽 끝에 맞춰 붙이고 성산일출
    봉을 스케치한 뒤 하나씩 떼어 찢어 주세요. 굴곡이 많은 부분은 가위를 이용해 주세요.

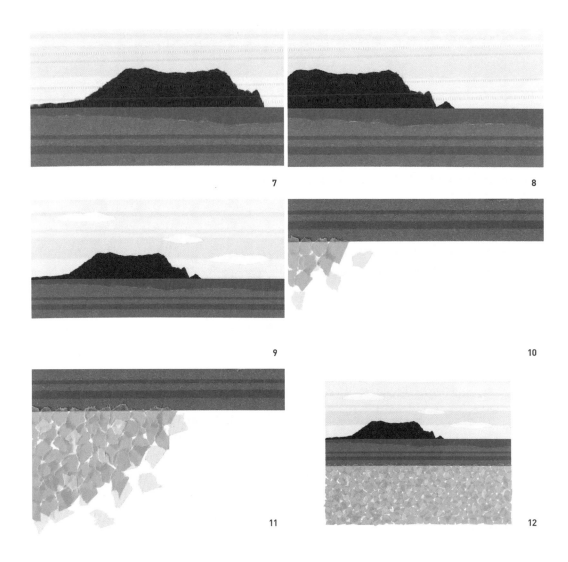

7 찢어 낸 마스킹 테이프는 제자리에 붙여 줍니다.

8 같은 마스킹 테이프③를 삼각형 모양으로 작게 찢어 오른쪽 끝에 연결해 붙여 주세요.

9 흰색 마스킹 테이프④를 양끝이 뾰족한 타원 모양으로 찢어 구름을 표현합니다.

10 노란색 마스킹 테이프⑤와 연노란색 마스킹 테이프⑥로 유채꽃밭 풍경을 표현하겠습니다. 연노란색 마스킹 테이프를 둥근 모양, 네모난 모양으로 찢어 붙인 다음 같은 모양으로 노란색 마스킹 테이프를 찢고 그 위에 겹쳐 붙입니다. 같은 방법으로 여백을 채워 주세요.

11 연노란색 마스킹 테이프를 노란색 마스킹 테이프 위로도 조금씩 겹쳐 붙입니다.

12 프레임 밖으로 나온 유채꽃은 마지막에 칼로 정리할 예정이니 편한 방법으로 계속 붙여 여백 전체를 채워 줍니다.

13 연두색 패턴 마스킹 테이프⑦를 작게 찢어 노란색 마스킹 테이프 위로 듬성듬성 붙여 주세요. 프레임 밖으로 나와 도드라져 보이는 노란색 마스킹 테이프는 칼로 오려 정리해 주세요.

14 초록색 마스킹 테이프⑧를 가는 선으로 오려 프레임 오른쪽에 세 줄 붙여 줍니다.

15 같은 마스킹 테이프⑧를 잎 모양으로 오려 줄기에 붙이면 성산일출봉과 유채꽃 완성.

네덜란드, 풍차와 튤립

네덜란드 하면 가장 먼저 거대한 풍차와 알록달록한 튤립이 떠올라요.
원색으로 빛나는 네덜란드의 정원을 마스킹 테이프로 만들어 간직해 볼까요?
다양한 색상의 마스킹 테이프를 잘게 찢어 붙이는 것만으로도
화려하고 예쁜 튤립을 표현할 수 있어요.

① MT01P200 ② MT01P203 ③ MT01D292 ④ MT01P207 ⑤ MT01P201 ⑥ MST-MKT05 BORDEAUX
⑦ MT01P188 ⑧ MT01P187 ⑨ MT01P194 ⑩ 111 PALE LILAC ⑪ MT01P306

222

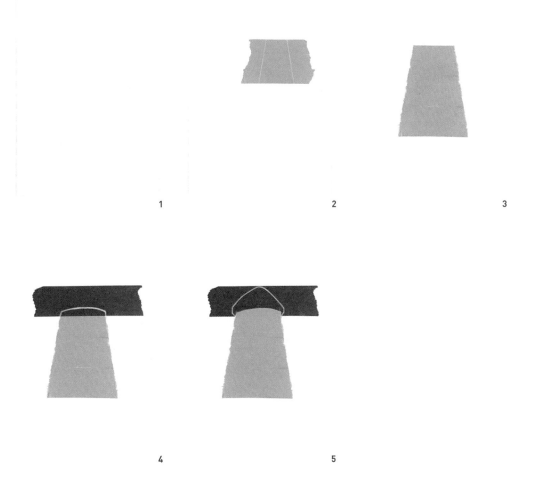

1　**2**　**3**

4　**5**

1　연필로 직사각형 프레임을 그려 주세요.

2　베이지색 마스킹 테이프①를 가로로 겹치지 않게 세 줄 연결해 붙여 줍니다. 자를 대고 흰색 펜으로 사다리꼴을 스케치하고 떼어 선을 따라 하나씩 찢어 줍니다.

3　찢어 낸 마스킹 테이프는 다시 모양을 잘 맞춰 붙입니다.

4　갈색 마스킹 테이프②를 풍차 몸체 윗부분과 살짝 겹치게 붙인 다음 흰색 펜으로 몸체의 세로선을 따라 그리고 위쪽은 둥글게 그려 주세요. 스케치 선을 따라 칼로 오려 내고 몸체와 겹친 갈색 마스킹 테이프는 제거해 주세요.

5　지붕을 스케치하고 마스킹 테이프를 떼어 선을 따라 찢어 줍니다. 찢기 어려운 부분은 가위나 칼을 이용하세요.

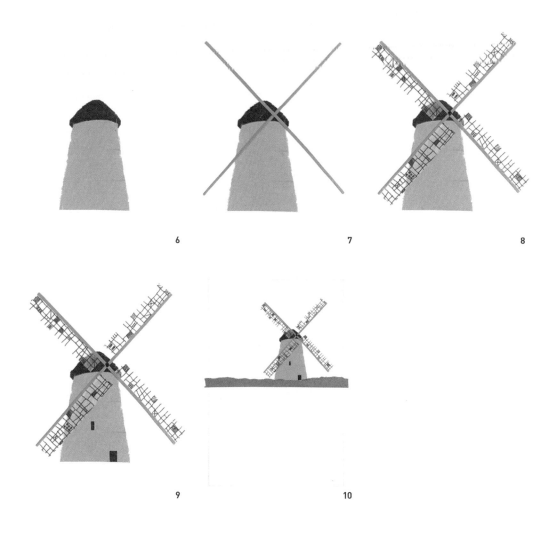

6   풍차의 몸체와 지붕이 표현되었습니다.

7   베이지색 마스킹 테이프①를 두 겹 겹쳐 붙여 색을 어둡게 만든 다음 칼로 가는 선을 두 개 오려 내어 지붕 위에 X자로 교차해 붙여 줍니다.

8   갈색 패턴 마스킹 테이프③를 네모나게 오린 다음 얇은 선 옆에 하나씩 붙여 날개를 표현합니다. 검은색 마스킹 테이프④도 작게 오려 X자가 교차되는 곳에 붙여 주세요.

9   몸체에 갈색 마스킹 테이프②를 네모나게 오려 붙여 주면 풍차가 완성됩니다.

10   카키색 마스킹 테이프⑤의 한쪽 선을 울퉁불퉁하게 찢어 풍차 아래에 붙여 언덕을 표현합니다.

11

12

13

14

15

11 카키색 마스킹 테이프⑤를 두 겹 겹쳐 색을 진하게 만든 다음 나무 형태로 찢어 풍차 옆에 붙여 줍니다. 이때 언덕과 살짝 겹치게 붙여 주세요.

12 언덕을 표현한 카키색 마스킹 테이프를 아래쪽에서부터 살짝 일으켜 나무와 겹친 부분까지만 떼어 주세요.

13 떼어 낸 카키색 마스킹 테이프를 나무 위에 겹쳐 붙이고 프레임 바깥으로 나온 마스킹 테이프는 칼로 오려 제거해 줍니다.

14 반대쪽에도 삼각형 모양의 작은 나무를 하나 만들어 주세요.

15 튤립꽃밭의 풍경을 표현하겠습니다. 빨간색 패턴 마스킹 테이프⑥를 끝이 뾰족한 타원 모양으로 찢어 언덕 아래쪽과 살짝 겹치도록 일자로 촘촘히 붙여 줍니다.

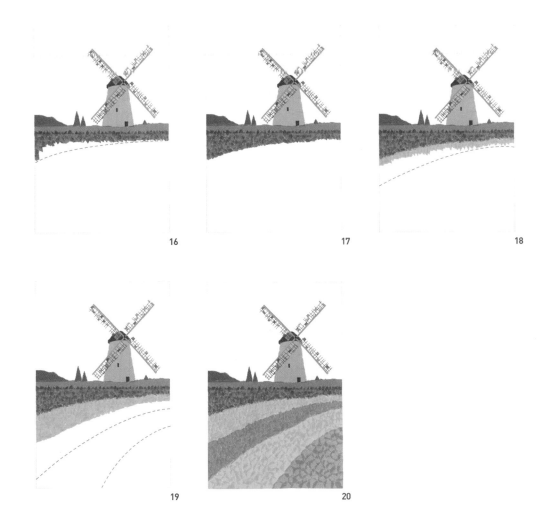

16 아래쪽으로 한 줄 더 붙인 다음 표시된 곡선을 따라 찢어 붙여 주세요. 프레임 바깥으로 나
온 튤립은 마지막에 칼로 오려 낼 예정이니 자유롭게 찢어 붙여도 됩니다.
tip 프레임 테두리에 튤립을 붙일 때 마스킹 테이프의 절단된 단면을 테두리에 맞춰 붙이면 테두리를 깔끔하게
표현할 수 있습니다.

17 빨간색 튤립꽃밭 완성.

18 살구색 마스킹 테이프⑦를 같은 방법으로 찢고 빨간색 튤립꽃밭 아랫부분과 살짝 겹치게
한 줄 붙인 다음 곡선에 맞게 찢어 붙여 주세요.

19 나머지 부분에 주황색과 노란색, 보라색 마스킹 테이프⑧,⑨,⑩를 찢어 곡선 부분을 채워 나
가세요. 빨간색과 살구색 튤립보다 조금 더 큰 모양으로 찢어 붙여 줍니다.

20 튤립꽃밭이 완성되었습니다.

21 하늘색 마스킹 테이프(⑪)로 구름을 만들어 주세요. 프레임 바깥으로 나온 마스킹 테이프는
칼로 오려 제거합니다.

22 풍차와 튤립 완성.

베트남, 아오자이를 입은 여인

베트남 여성들이 입는 전통 의상 아오자이는 부드럽고 얇은 실크 소재로 만들어져
하늘하늘한 실루엣에서 신비로움을 느낄 수 있어요.
베트남 여행 시 아오자이를 대여하거나 맞춤으로 구입할 수도 있다고 해요.
아오자이를 입고 기념사진을 남겨 보는 것도 좋을 것 같아요.

① MT01P200 ② 화훼도 패턴 테이프 ③ MST-MKT180-PK ④ MT01P312 ⑤ MT01P207 ⑥ MT01P201
⑦ IR00801P ⑧ MT01P193

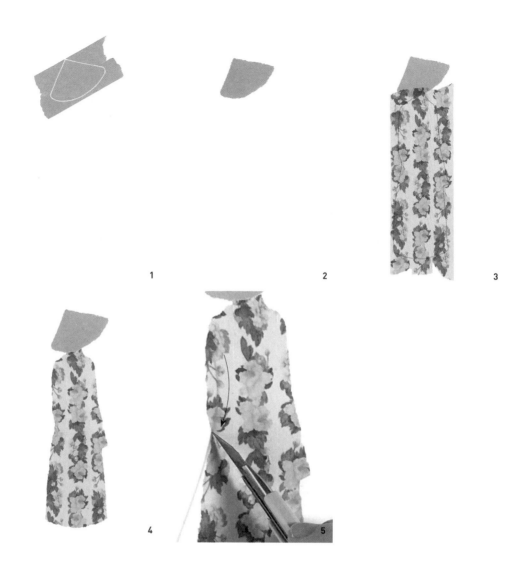

1   2   3

4   5

1   베이지색 마스킹 테이프①를 비스듬하게 두 줄 연결해 붙인 다음 흰색 펜으로 베트남의 전
통 모자 농을 스케치합니다. 마스킹 테이프를 하나씩 떼어 선을 따라 찢어 주세요.

2   찢어 낸 마스킹 테이프는 제자리에 붙여 줍니다.

3   분홍색 패턴의 마스킹 테이프②를 길게 찢어 겹치지 않게 세로로 세 줄 연결해 붙입니다.
왼쪽은 농과 살짝 겹치게 붙여 주세요. 이어서 연필로 아오자이를 스케치합니다.

4   농과 겹친 부분은 칼로 오려 내고 차례대로 하나씩 떼어 선을 따라 찢어 줍니다.

5   같은 색상 마스킹 테이프②의 분홍색 부분만 가늘게 오려 왼쪽 소매와 허리에 곡선으로 붙
인 다음 소매가 끝나는 곳에서 칼로 오려 줍니다.

6   오른쪽 소매에도 화살표 방향과 같이 선을 붙인 다음 소매 끝단의 길이에 맞춰 잘라 주세요.

7   연필로 손을 스케치합니다. 마스킹 테이프 위로 스케치한 부분은 칼로 오려 제거해 주세요.

8   지우개로 스케치한 부분을 살짝 지워 줍니다.

9   살구색 마스킹 테이프③를 스케치한 곳에 붙이고 칼로 오려 주세요.

10 오려 낸 나머지 마스킹 테이프를 제거하면 손이 완성됩니다. 이어서 연필로 아오자이의 옆
    트임 부분을 스케치해 주세요.

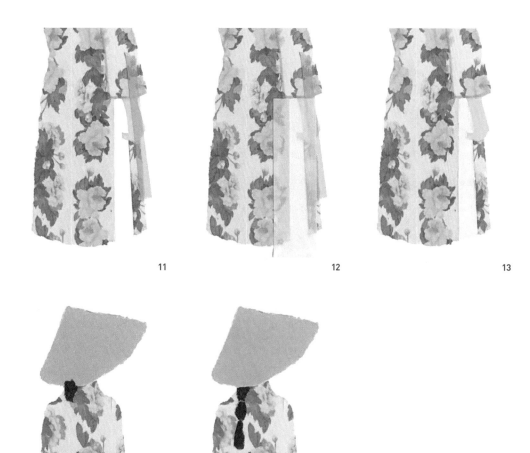

11 옆트임 부분을 칼로 오려 떼어 낸 다음 임시로 사용할 마스킹 테이프를 손등과 아오자이 앞
    부분에 세로로 붙여 줍니다.

12 오려 낸 아오자이의 옆트임 부분에 연회색 마스킹 테이프④를 붙이고 오려 낸 부분을 따라
    연회색 마스킹 테이프를 칼로 오려 붙여 줍니다.

13 오려 낸 마스킹 테이프와 임시 마스킹 테이프는 제거해 주세요.

14 검은색 마스킹 테이프⑤를 작게 찢어 농 아랫부분에 붙여 줍니다. 농과 겹친 곳은 칼로 오
    려 제거해 주세요.

15 같은 색상의 마스킹 테이프⑤를 동그랗게 찢어 아래쪽으로 연결해 붙여 주세요. 이어서 불
    규칙한 모양으로 찢어 붙여 땋은 머리를 표현해 주세요.

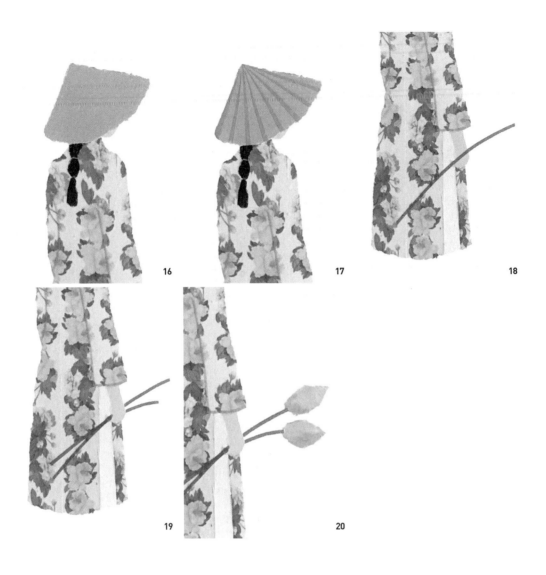

16 살구색 마스킹 테이프③를 농 아랫부분에 붙여 턱 선을 표현합니다.

17 베이지색 마스킹 테이프①를 가늘고 긴 삼각형 모양으로 오린 다음 농 위에 일정한 간격을
두고 붙여 디테일을 표현합니다.

18 연꽃 줄기를 만들어 볼게요. 카키색 마스킹 테이프⑥를 칼로 가늘고 길게 오려 곡선 모양으
로 붙여 주세요. 손등과 겹친 카키색 마스킹 테이프는 칼로 오려 제거해 주세요.

19 줄기를 하나 더 만들어 교차해 붙입니다.

20 그러데이션 마스킹 테이프⑦ 중 분홍색 부분을 연꽃 봉오리 모양으로 동그랗게 찢어 줄기
끝부분에 붙여 줍니다.

21 연노란색 마스킹 테이프⑧로 여백을 채우면 아오자이를 입은 여인 완성.

러
시
아,

마
트
료
시
카

커다란 인형 안에서 작은 인형이 계속 나오는 마트료시카는 러시아의 전통 목각 인형이에요.

다산과 풍요를 상징하고 가족 간의 행복을 나타내는 귀여운 마트료시카,

마스킹 테이프로 만들어 인테리어 소품으로 활용해 보아요.

① MST-MKT180-PK ② MT01D279 ③ MTEX1P80 ④ MT01P194 ⑤ MT01P207 ⑥ MST-MKT01 RED
⑦ MT01P208 ⑧ MT01P203 ⑨ CORAL ⑩ 21 PURE PINK ⑪ MST-MKT05 ORANGE ⑫ MT01D334
⑬ MST-MKT08 BLACK ⑭ MT01D277 ⑮ ADMT1S53 ⑯ MST-MKT05 BORDEAUX

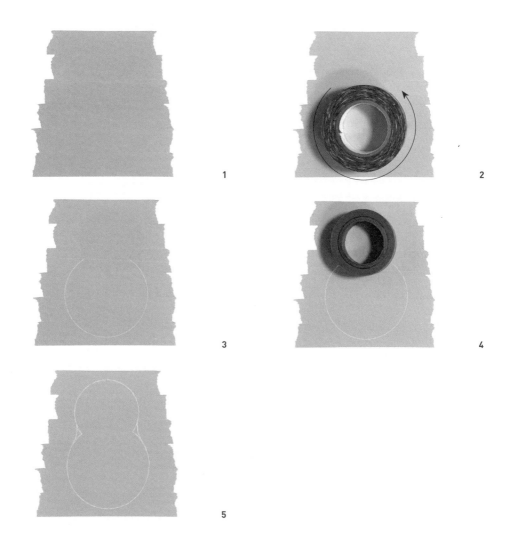

1 살구색 마스킹 테이프(①)를 겹치지 않게 선을 맞춰 여섯 줄 붙여 주세요.

2 마스킹 테이프를 대고 흰색 펜으로 마트료시카의 몸통을 스케치합니다. 동그라미를 그릴 때 위쪽의 여백을 조금 남기고 화살표 방향으로 스케치해 주세요.

3 여백을 조금 남기고 스케치한 모습입니다.

4 작은 롤의 마스킹 테이프를 몸통 위쪽과 살짝 겹치게 놓은 다음 머리를 스케치합니다.

5 마트료시카의 머리와 몸통이 자연스럽게 이어지도록 굴곡이 심한 목을 곡선으로 스케치합니다. 스케치 선을 따라 칼로 오려 내고 나머지 마스킹 테이프는 제거해 주세요.

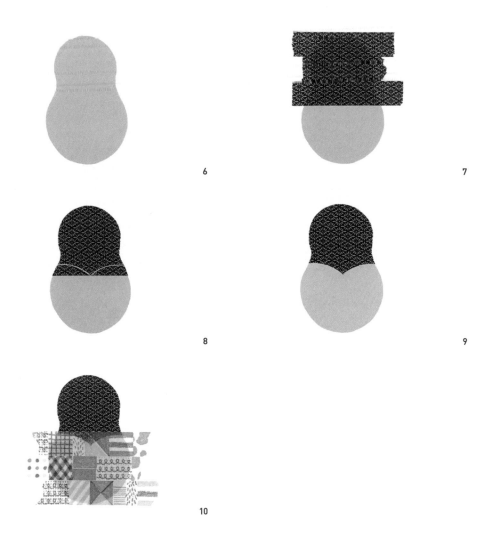

6   마트료시카의 형태가 완성되었습니다.

7   두건을 표현할 남색 패턴 마스킹 테이프②를 머리가 모두 가려지도록 붙이고 그 위로 비치
      는 마트료시카의 테두리를 따라 칼로 오려 줍니다. 나머지 마스킹 테이프는 떼어 주세요.

8   두건 아랫부분을 곡선으로 스케치해 주세요.

9   스케치한 부분을 칼로 오려 제거해 두건을 표현할게요.

10   패턴 마스킹 테이프③를 몸통이 모두 가려지도록 붙인 다음 두건과 겹친 부분을 칼로 오려
      제거합니다.

11

12

13

14

15

11 머리에 동그라미를 그리고 칼로 오려 내 남색 패턴 마스킹 테이프를 제거합니다. 아래쪽 살구색 마스킹 테이프는 그대로 남겨 얼굴을 표현합니다.

12 얼굴 위로 노란색 마스킹 테이프④를 사선으로 붙인 뒤 두건과 얼굴 사이의 경계를 따라 칼로 오려 내고 나머지는 제거해 앞머리를 표현해 주세요.

13 반대쪽도 같은 방법으로 만들어 주세요.

14 몸통에 검은색 마스킹 테이프⑤를 두 줄 연결해 붙인 다음 소매를 둥글게 스케치하고 칼로 오려 주세요. 몸통 바깥으로 튀어나온 검은색 마스킹 테이프도 칼로 오려 제거해 줍니다.

15 소매와 앞치마가 표현되었어요.

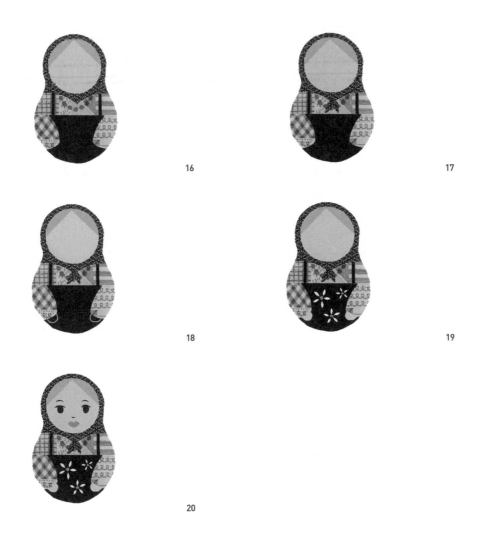

16 검은색 마스킹 테이프⑤를 두 줄 가늘게 오려 붙여 앞치마 어깨끈을 만들어 줄게요. 빨간색
마스킹 테이프⑥를 동그랗게 오려 목걸이도 만들어 주세요.

17 남색 패턴 마스킹 테이프②를 끝이 뾰족한 타원형으로 두 개 오려 두건 아래 돌출된 부분에
붙여 매듭을 표현합니다.

18 손을 동그랗게 스케치하고 칼로 오린 다음 검은색 마스킹 테이프와 패턴 마스킹 테이프를
떼어 제거해 줍니다.

19 앞치마에 흰색 마스킹 테이프⑦와 노란색 마스킹 테이프④로 꽃모양을 만들어 주세요.

20 갈색 마스킹 테이프⑧를 초승달 모양과 동그라미 모양으로 오려 눈썹과 눈, 코를 표현하고
코랄 색상 마스킹 테이프⑨를 입술 모양으로 오려 얼굴에 붙여 줍니다.

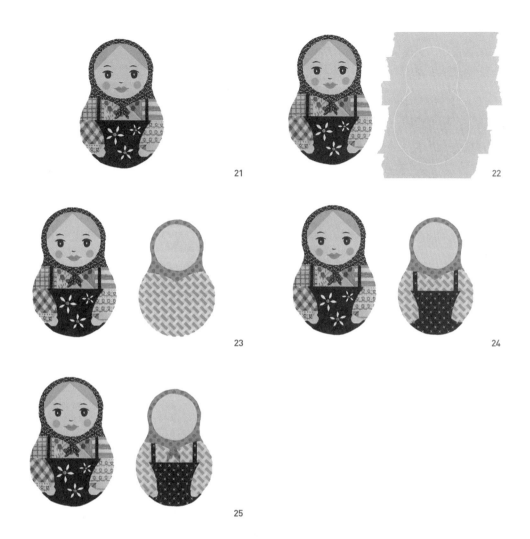

21 코랄 색상 마스킹 테이프⑨를 가는 선으로 오린 다음 입술 가운데에 가로로 붙여 입술 라인을 표현하고 분홍색 마스킹 테이프⑩를 동그랗게 오려 두 뺨에 붙여 줍니다. 흰색 마스킹 테이프⑦를 작은 점으로 오려 눈동자에 붙이면 첫 번째 마트료시카 완성.

22 완성한 마트료시카와 간격을 두고 중간 크기의 마트료시카를 만들어 보겠습니다. 2~5과 같은 방법으로 스케치하되 조금 더 작게 스케치하고 선을 따라 칼로 오려 줍니다. 나머지 마스킹 테이프는 제거해 주세요.

23 주황색 패턴 마스킹 테이프⑪로 두건을, 하늘색 패턴 마스킹 테이프⑫로 몸통을 표현하고 얼굴을 동그랗게 오려 줍니다.

24 검은색 패턴 마스킹 테이프⑬로 앞치마를 만들어 주세요.

25 손과 두건의 매듭을 만들어 주세요.

26

27

28

26   앞머리와 얼굴을 표현해 두 번째 마트료시카를 완성합니다.

27   가장 작은 마트료시카의 머리와 몸통을 만들어 주세요.

28   초록색 패턴 마스킹 테이프⑭로 두건을 만들고 주황색 패턴 마스킹 테이프⑮로 몸통을 채
     워 줍니다.

29

29   빨간색 패턴 마스킹 테이프⑯로 앞치마를 만들고 손과 두건 매듭, 앞머리와 얼굴을 표현하면 마트료시카 완성.

하와이,
와이키키비치

하늘이 온통 노랗게 물드는 시간, 바로 그때 와이키키 해변의 풍경이 완성되는 것 같아요.
아름다운 노을과 탁 트인 바다, 저 멀리 성산일출봉을 닮은 다이아몬드 헤드까지.
이곳에서는 어떤 낭만적인 이야기가 펼쳐질까요?

① MT01P194 ② 06 MANGO ③ 108 RAINY BLUE ④ 14 BLUE ⑤ MT01P202 ⑥ MT01P306 ⑦ MT01P203
⑧ 112 CHOCOLATE ⑨ MT01P193 ⑩ MT01P204

1 연필로 직사각형 프레임을 그려 줍니다.

2 노란색 마스킹 테이프(①)를 프레임 가운데에 붙인 다음 조금 더 연한 톤의 노란색 마스킹 테이프(②)로 프레임 위쪽을 채워 줍니다.

3 연한 톤의 노란색 마스킹 테이프(②)를 위쪽으로 한 번 더 겹쳐 붙여 줍니다. 위쪽은 칼로 가늘게 오려 붙여 주세요. 프레임 바깥으로 튀어나온 마스킹 테이프는 칼로 오려 제거합니다. 아래에서부터 위로 점점 연해지는 느낌이 표현되었어요.

4 가장 진하게 표현된 부분의 아래쪽 마스킹 테이프는 자를 대고 칼로 오려 제거해 주세요.

5 노랗게 물든 하늘 바탕이 완성되었습니다.

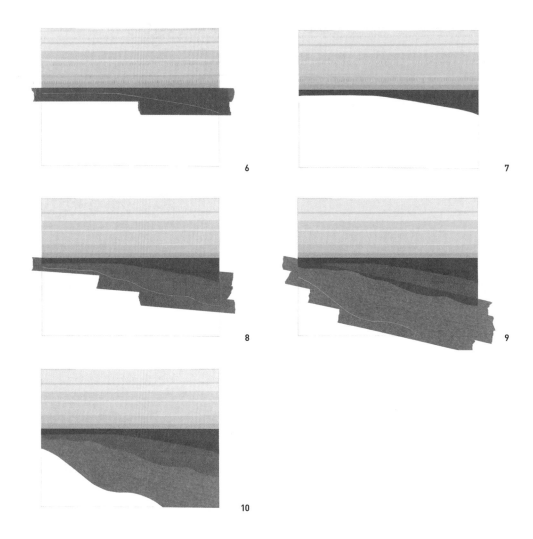

6 진한 파란색 마스킹 테이프③를 두 겹 겹쳐 하늘 바탕 아래에 붙여 주세요. 이어서 같은 색 마스킹 테이프를 두 겹으로 겹치되 앞서 붙인 것보다 짧게 찢어 붙입니다. 흰색 펜으로 곡선을 스케치하고 칼로 오려 주세요.

7 오려 낸 마스킹 테이프를 제거하면 먼 바다가 표현됩니다.

8 진한 파란색 마스킹 테이프③를 먼 바다와 살짝 겹치게 아래쪽으로 세 줄 연결해 붙인 다음 곡선을 스케치한 뒤 칼로 오려 내고 오려 낸 마스킹 테이프는 제거합니다. 이때 파란색 마스킹 테이프는 한 겹으로 붙여 주세요.

9 조금 더 밝은 파란색 마스킹 테이프④를 세 줄 연결해 붙인 다음 곡선을 스케치하고 칼로 오려 줍니다. 프레임 바깥으로 나온 마스킹 테이프와 진한 파란색 마스킹 테이프와 겹친 부분은 칼로 오려 주세요.

10 오려 낸 부분을 모두 떼어 내면 바다가 완성됩니다.

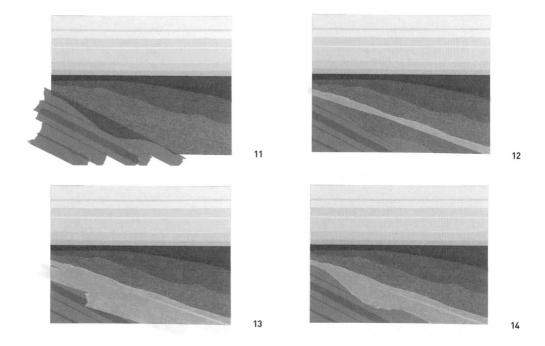

11 코르크 색상 마스킹 테이프⑤를 바다와 살짝 겹치게 붙여 여백을 모두 채워 줄게요. 프레임 바깥의 마스킹 테이프와 바다와 겹친 마스킹 테이프는 칼로 오려 제거해 주세요.

12 하늘색 마스킹 테이프⑥를 길게 찢어 한쪽 선을 울퉁불퉁하게 찢어 줍니다. 찢어 낸 마스킹 테이프는 밝은 파란색 마스킹 테이프 위에 대각선으로 붙여 주세요. 모래사장과 겹친 왼쪽 끝부분은 칼로 오려 제거해 줄게요.

13 밝은 파란색 마스킹 테이프가 모두 가려지도록 같은 색상의 마스킹 테이프⑥를 두 줄 더 연결해 붙여 주세요. 마스킹 테이프 위로 비치는 곡선을 연필이나 흰색 펜으로 스케치하고 떼어 선을 따라 찢은 다음 제자리에 붙여 줍니다. 프레임 바깥으로 튀어나온 마스킹 테이프는 칼로 오려 제거합니다.

245 **14** 바다가 완성되었습니다.

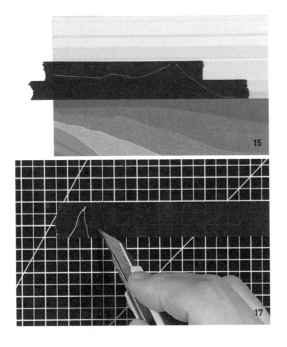

15 하와이의 상징 다이아몬드 헤드를 표현할게요. 하늘과 바다의 경계선에 갈색 마스킹 테이프 (⑦)를 두 줄 길게 찢어 프레임 왼쪽 끝에 맞춰 붙여 주세요. 다이아몬드 헤드를 스케치하고 차례대로 떼어 선을 따라 찢어 주세요. 스케치 선보다 울퉁불퉁하게 찢어도 좋습니다.

16 스케치 선을 따라 찢은 마스킹 테이프는 다시 붙여 줍니다.

17 커팅 매트에 조금 더 어두운 갈색 마스킹 테이프⑧를 붙이고 일그러진 삼각형 모양을 칼로 오려 주세요.

18 오려 낸 마스킹 테이프는 다이아몬드 헤드 왼쪽 끝에 맞춰 붙인 다음 프레임 밖으로 나온 부분은 칼로 오려 줍니다.

19 일그러진 형태의 도형을 칼로 오려 붙여 다이아몬드 헤드의 굴곡을 표현합니다. 다이아몬드 헤드 밖으로 튀여나온 마스킹 테이프는 마지막에 한꺼번에 정리해 주세요.

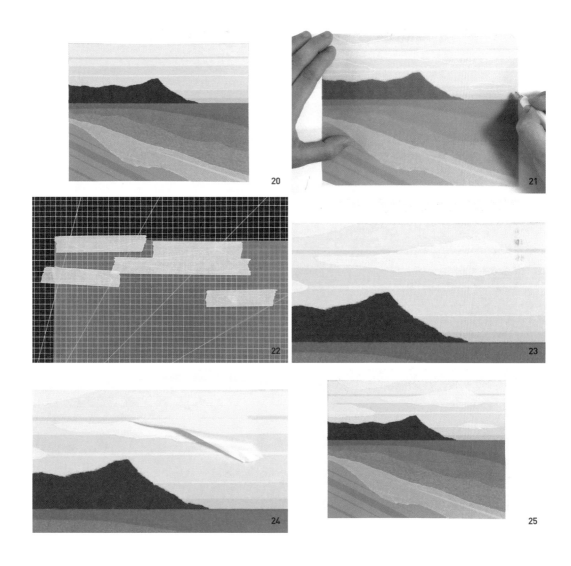

20   다양한 크기와 모양으로 굴곡을 표현해 주세요. 다이아몬드 헤드를 완성했어요.

21   작품 위에 트레이싱 페이퍼를 대고 구름을 스케치합니다.

22   스케치한 트레이싱 페이퍼 위에 연노란색 마스킹 테이프(⑨)를 붙이고 스케치 선을 따라 하나씩 찢어 줍니다.

23   트레이싱 페이퍼를 제거하고 하늘 바탕에 붙여 줍니다. 큰 구름 아래에 도드라져 보이는 진한 노란색 선을 제거하기 위해 구름과 겹친 노란색 선의 경계를 칼로 오려 주세요.

24   연노란색 구름을 잠시 떼어 낸 다음 구름 아래 진한 노란색 선을 제거하고 떼어 낸 구름을 제자리에 붙여 주세요.

25   나머지 구름도 마저 붙여 하늘 바탕을 완성합니다.

26 갈색 마스킹 테이프(⑦)를 끝이 둥근 삼각형으로 찢은 다음 왼쪽 하단 모서리에 맞춰 붙이고 프레임 밖으로 튀어나온 마스킹 테이프는 칼로 오려 제거해 주세요.

27 초록색 마스킹 테이프(⑩)를 끝이 뾰족한 가는 선으로 오려 나무 기둥 가장 위쪽에서 사방으로 퍼지도록 붙여 줍니다. 프레임 밖의 마스킹 테이프는 오려 제거해 주세요.

28 초록색 마스킹 테이프(⑩)를 끝이 뾰족한 가는 선으로 짧게 오린 다음 줄기를 중심으로 V자 모양으로 붙여 야자수 잎을 표현합니다.

29 줄기 끝까지 붙이고 프레임 바깥의 마스킹 테이프는 칼로 오려 제거해 주세요.

30 겹치는 부분도 상관없이 계속 V자로 붙여 나머지 줄기를 모두 채워 주세요. 프레임 밖으로 튀어나온 마스킹 테이프는 제거해 줄게요.

31 노란색 마스킹 테이프(①)를 동그랗게 오려 붙여 나무 열매를 표현합니다. 와이키키 비치 완성.

Part 7

기념일을
맞이하다

생일

언젠가부터 생일 초를 나이만큼 꽂는다는 것이 괜스레 쑥스러워졌어요.

생일 초를 생략하기도 하고 왕창 꽂아 보기도 했답니다. 하지만 초가 무엇이 중요한가요.

지금 이 순간 기쁨을 함께 나눌 수 있는 소중한 존재가 옆에 있다는 것이

가장 행복하고 감사한 일 아니겠어요.

① ②  ③ ④ ⑤ ⑥

① 41 A TINY FLOWER: FADE ② 21 PURE PINK ③ MT01P208 ④ MT01D286 ⑤ EXPRESSIONS C314-P22
⑥ MT01P191

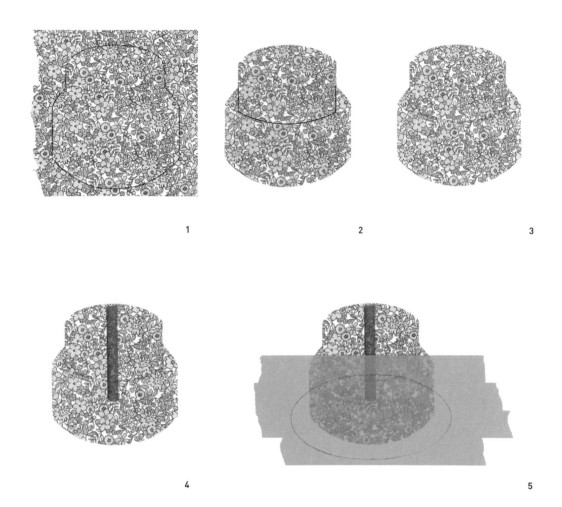

1. 파스텔 꽃무늬 패턴 마스킹 테이프①를 겹치지 않게 선을 맞춰 여섯 줄 붙여 줍니다. 연필로 2단 케이크 테두리를 스케치한 다음 칼로 스케치 선을 따라 오려 내고 나머지 마스킹 테이프는 제거해 줍니다.

2. 같은 색상의 마스킹 테이프①를 가늘게 오려 표시한 선을 따라 붙여 줍니다.

3. 가는 선으로 층이 구분되었습니다.

4. 케이크의 가운데에 임시로 사용할 마스킹 테이프를 2에서 붙인 가는 선과 겹치게 세로로 붙여 줍니다.

5. 분홍색 마스킹 테이프②를 케이크 아랫부분이 전부 가려지도록 네 줄 연결해 붙입니다. 연필로 플레이트를 스케치하고 케이크 테두리를 따라 칼로 오린 다음 케이크와 겹친 분홍색 마스킹 테이프는 제거해 주세요. 임시 마스킹 테이프도 떼어 제거합니다. 가는 선이 함께 제거되지 않도록 주의해서 떼어 주세요.

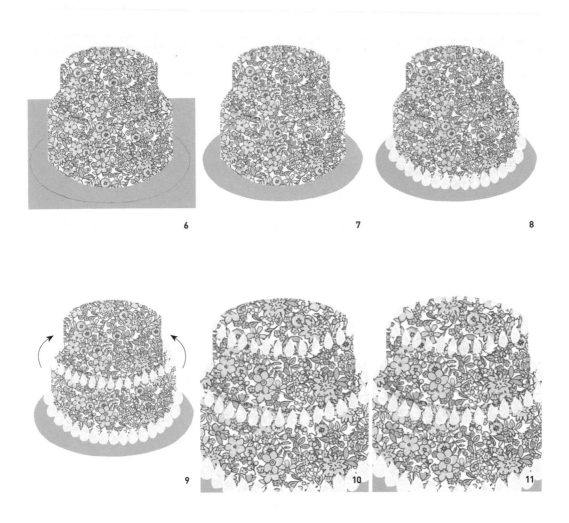

6   플레이트의 스케치 선을 따라 칼로 오려 낸 다음 나머지 마스킹 테이프는 제거해 주세요.

7   케이크와 플레이트의 형태가 표현되었습니다.

8   흰색 마스킹 테이프③를 칼을 이용해 물방울 모양으로 여러 개 오린 뒤 케이크 아래쪽 테두리를 따라 하나씩 붙여 생크림 장식을 표현해 주세요.

9   앞서 붙인 생크림 장식보다 작은 크기의 물방울 모양을 케이크 가운데에도 여러 개 오려 붙여 주세요. 화살표로 표시된 바깥쪽 테두리 끝부분까지 모두 붙여 줍니다.

10   2단 케이크의 상단에도 생크림 장식을 둥글게 붙입니다.

11   케이크 상단 가장 위쪽 테두리에도 생크림 장식을 둥글게 이어 주세요.

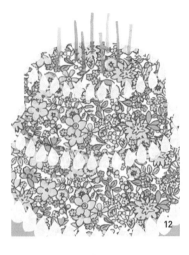

12 알록달록한 색상 패턴의 마스킹 테이프④를 색상별로 여러 개 가늘게 오린 다음 케이크 상단에 겹쳐 붙여 초를 표현해 주세요.

13 분홍색 패턴 마스킹 테이프⑤를 끝이 뾰족한 타원 모양으로 작게 오려 초 위에 붙여 줍니다. 삐뚤빼뚤하게 붙여 줘도 좋아요.

14 하늘색 마스킹 테이프⑥를 잘게 찢어 케이크 주변 흩날리는 꽃가루를 표현하면 생일 완성.

어
버
이
날

감사한 마음을 전할 때 건네는 꽃 카네이션,

붉은 카네이션의 꽃말은 '건강을 비는 사랑'과 '존경'이라고 해요.

마스킹 테이프로 붉은 카네이션을 만들어

정성이 가득 담긴 의미 있는 선물을 하는 건 어떨까요?

① MST-MKT01 RED   ② collage masking tape GREEN   ③ MT01P312

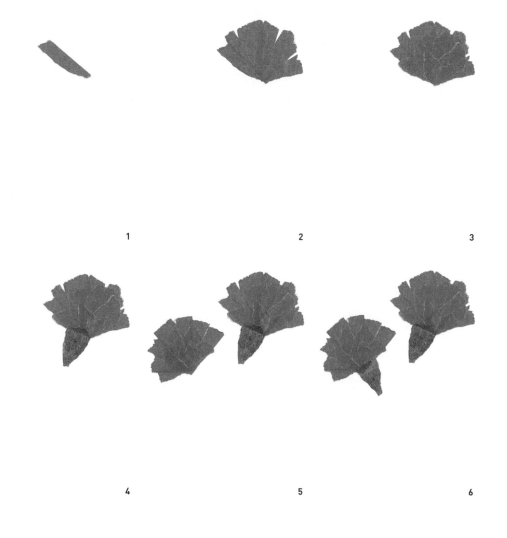

1   2   3

4   5   6

1 빨간색 마스킹 테이프(①)를 한쪽 끝이 좁아지는 형태로 찢은 다음 끝이 좁은 쪽을 아래로 향하도록 비스듬히 붙여 꽃잎 하나를 표현합니다.

2 꽃잎의 넓이를 조금씩 다르게 찢어서 부채꼴 모양으로 붙여 줍니다.

3 앞서 만든 꽃잎보다 짧은 길이의 꽃잎을 여러 개 만든 다음 붙여 둔 꽃잎의 아래쪽에 맞춰 부채꼴 모양으로 겹쳐 붙입니다.

4 초록색의 콜라주 마스킹 테이프(②)를 둥근 역삼각형 모양으로 찢어 꽃잎 아래쪽에 붙여 꽃 받침을 표현해 줍니다.

5 왼쪽 여백에 꽃잎을 하나 더 표현해 주세요.

6 꽃잎 아래에 꽃받침도 찢어 붙여 줍니다.

7   오른쪽 여백에는 꽃잎을 3~4개 정도 작게 찢어 붙이고 꽃받침을 만들어 줍니다.

8   초록색의 콜라주 마스킹 테이프②를 칼로 가늘게 오려 왼쪽 카네이션 꽃받침 아래에 살짝 둥근 곡선 모양으로 붙여 줄기를 표현합니다.

9   가운데 카네이션 꽃받침 아래에도 같은 색상의 마스킹 테이프②를 가늘게 오려 왼쪽 카네 이션 줄기의 끝부분과 서로 겹치게 붙인 다음 길이를 맞춰 칼로 오려 줍니다.

10   오른쪽 작은 봉오리에도 줄기를 만들어 붙여 주세요.

11   같은 색상의 마스킹 테이프②를 한쪽 끝이 뾰족한 잎 모양으로 찢어 줄기 아랫부분에 겹처 붙여 줍니다. 줄기 밑으로 튀어나온 마스킹 테이프는 칼로 오려 제거해 주세요.

12   마스킹 테이프②를 여러 크기의 잎 모양으로 찢어 오른쪽 줄기에도 붙여 주세요.

13

14

13 다른 줄기에도 잎을 만들어 줍니다.

14 연회색 마스킹 테이프(③)를 찢어 카네이션 줄기 아랫부분에 붙여 장식하면 어버이날 완성.

핼러윈

매년 10월 31일 미국에서는 마녀나 유령으로 분장한 아이들이 호박 바구니를 들고
이웃집을 돌아다니며 사탕과 초콜릿을 얻어 오는 특별한 축제가 열립니다.
이제 핼러윈은 여러 나라가 함께 즐기는 세계적인 축제가 되었죠.
핼러윈을 대표하는 호박 등 '잭오랜턴'을 함께 만들어 보아요.

① MT01P187 ② MT01P207 ③ MT01P208 ④ DARK BROWN ⑤ MT01P201

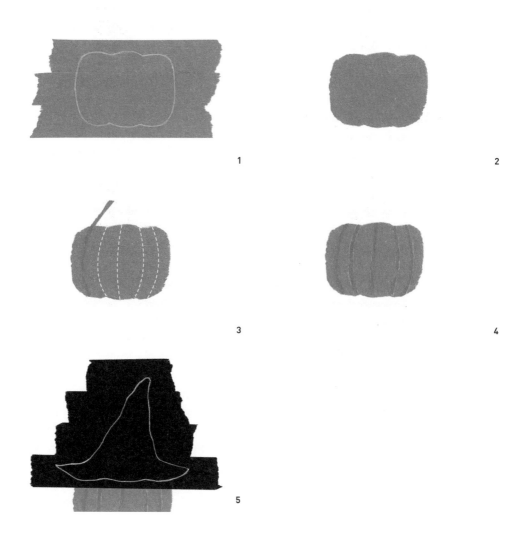

1 주황색 마스킹 테이프(①)를 겹치지 않게 가로로 세 줄 연결해 붙인 다음 흰색 펜으로 호박을 스케치합니다. 호박 위아래의 굴곡도 그려 주세요. 차례대로 하나씩 떼어 스케치 선을 따라 찢어 냅니다.

2 찢어 낸 호박은 하나씩 선을 맞춰 붙여 줍니다.

3 같은 색상의 마스킹 테이프(①)를 가늘게 찢어 호박 위에 세로로 겹쳐 붙인 다음 호박 길이에 맞게 칼로 오려 주세요. 점선을 따라 세로로 붙여 호박 줄을 표현합니다.

4 호박 형태가 완성되었어요.

5 호박 윗부분에 검은색 마스킹 테이프(②)를 겹치지 않게 선을 맞춰 네 줄 붙이고 모자를 스케치합니다. 아랫부분은 넓은 챙 모양으로, 윗부분은 고깔 모양으로 스케치한 다음 하나씩 떼어 선을 따라 찢어 줍니다.

6   찢어 낸 마스킹 테이프를 제자리에 붙인 다음 챙 윗부분에 흰색 마스킹 테이프③를 일자로 찢어 붙여 띠를 만들어 주세요.

7   검은색 마스킹 테이프②를 삼각형으로 오리고 호박 가운데 줄에 맞춰 붙여 코를 표현한 다음 큰 삼각형을 두 개 오려 코와 간격을 두고 붙여 눈을 표현합니다.

8   같은 색상의 마스킹 테이프②를 웃는 입 모양으로 큼직하게 오려 붙여 준 다음 표시된 선을 따라 사각형을 오려 내어 주세요.

9   오려 낸 검은색 마스킹 테이프를 떼어 주면 이빨이 표현됩니다.

10   호박 왼쪽에 작은 호박 바구니를 만들어 볼게요. 주황색 마스킹 테이프①를 호박 왼쪽과 살짝 겹치게 두 줄 선을 맞춰 붙이고 작은 호박을 스케치해 주세요. 전체적으로 둥글게 스케치하는데 아래쪽에만 굴곡을 그려 줍니다. 스케치한 마스킹 테이프는 하나씩 떼어 선을 따라 찢어 주세요.

11

12

13

14

15

11 찢어 낸 마스킹 테이프는 다시 큰 호박과 살짝 겹치게 붙인 뒤 큰 호박과 겹친 부분의 경계를 따라 칼로 오려 줍니다.

12 작은 호박의 오른쪽 윗부분을 살짝 떼어 낸 다음 오려진 큰 호박을 떼어 제거해 줍니다.

13 작은 호박의 떼어 냈던 부분을 다시 제자리에 붙여 주세요.

14 갈색 마스킹 테이프④를 양 끝이 뾰족한 타원 모양으로 오린 다음 호박 위에 붙여 바구니 입구를 만들어 주세요.

263

15 주황색 마스킹 테이프①를 가늘게 찢어 호박 줄을 만들어 줍니다.

16 검은색 마스킹 테이프②를 가늘게 오리고 바구니 위에 둥글게 붙여 손잡이를 만들어 주세요.

17 같은 색상으로 눈, 코, 입을 만들어 붙여 줍니다. 이빨도 오려 주세요.

18 커팅 매트에 카키색 마스킹 테이프⑤를 선을 맞춰 두 줄 붙여 준 다음 잎사귀를 스케치한 뒤 칼로 오려 내고 하나씩 떼어 줍니다.

19 떼어 낸 마스킹 테이프는 작은 호박 바구니 옆에 붙여 주세요.

20 같은 색상의 마스킹 테이프⑤를 가늘게 오려 잎맥을 표현해 주세요.

21 호박 아래쪽에 크기가 다른 잎사귀를 오려 붙이면 핼러윈 완성.

크리스마스

추운 겨울, 마스킹 테이프로 만든 크리스마스 리스로
따뜻함이 느껴지는 공간을 연출해 보세요.
크리스마스트리와는 또 다른 매력이 있답니다.
황금빛 리본과 오너먼트로 리스를 장식해 분위기 있는 연말을 즐겨 보아요.

① ② ③ ④ ⑤ ⑥ ⑦

① MT01P203 ② collage masking tape BROWN ③ collage masking tape GREEN ④ MST-MKT45-GD
⑤ MT01P208 ⑥⑦ CINTA WASHI BRILLANTE DE

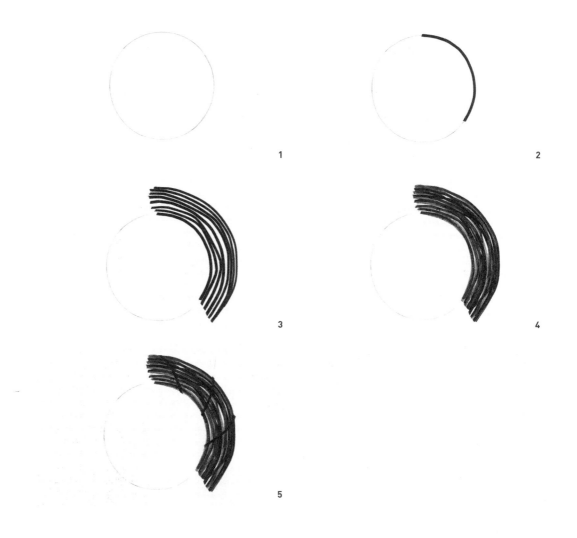

1   연필로 동그라미를 그려 줍니다.

2   크리스마스 리스 틀을 표현해 보겠습니다. 칼로 나뭇가지를 표현할 갈색 마스킹 테이프①를 가늘고 길게 오린 다음 동그라미의 12시에서 4시 방향에 곡선으로 붙여 줍니다.

3   같은 색상의 마스킹 테이프①를 일곱 번 정도 가늘고 길게 오려 앞서 붙인 나뭇가지 오른쪽으로 간격을 두고 붙여 줍니다. 길이를 점차 늘이며 삐뚤삐뚤한 모양으로 붙여 주세요.

4   갈색의 콜라주 마스킹 테이프② 중 연한 부분을 가늘게 여러 번 오려 먼저 붙인 나뭇가지 사이사이에 겹쳐 붙여 줍니다. 나뭇가지 사이 흰색 여백을 남기며 붙여 주세요.

5   갈색 마스킹 테이프①를 가늘게 세 번 오려 앞서 붙인 나뭇가지를 감는 듯 사선으로 간격을 두고 나뭇가지 위에 붙이면 리스의 나뭇가지 틀이 완성됩니다. 남은 스케치 선은 자국을 조금씩 남겨 두고 지워 주세요.

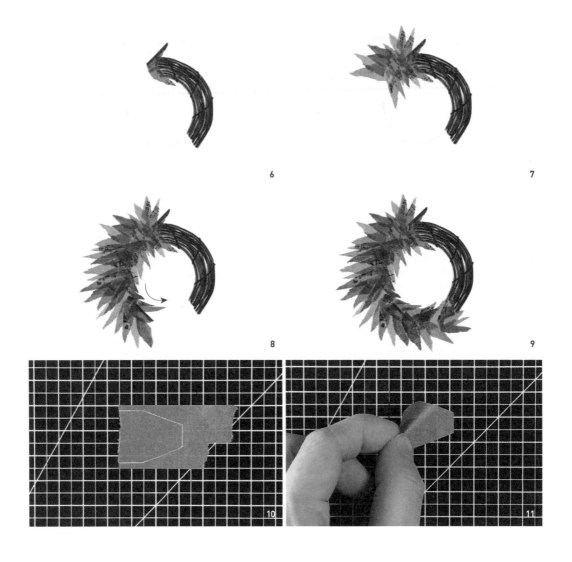

6   7

8   9

10   11

6 초록색의 콜라주 마스킹 테이프③를 끝이 뾰족한 잎 모양으로 두 번 찢은 다음 리스의 나뭇
가지 틀과 조금 겹치게 붙여 나뭇잎을 표현해 줍니다.

7 나뭇잎의 크기를 조금씩 다르게 찢어 내면서 시계 반대 방향으로 붙여 주세요.

8 리스 틀의 안쪽 나뭇잎을 위쪽에서는 수직으로 떨어지는 느낌으로 표현했다면 아래쪽으로
내려갈수록 가로로 눕혀 붙여 아래쪽에 위치한 리스 틀의 안쪽 나뭇잎이 점점 누운 느낌이
들도록 표현합니다.

9 아래쪽의 리스 틀까지 나뭇잎으로 채워 붙여 줍니다.

10 커팅 매트에 금색 마스킹 테이프④를 가운데가 조금 겹치도록 두 줄 붙인 다음 흰색 펜으로
리본의 날개 한쪽을 각이 지게 그려 줍니다. 선을 따라 칼로 오려 내고 나머지 마스킹 테이
프는 제거해 줄게요.

11 오려 낸 리본의 날개 왼쪽 끝부분을 손톱으로 일으켜 반만 살짝 떼어 주세요.

12 떼어 낸 마스킹 테이프는 그대로 왼손 손가락으로 잡고 반대쪽 끝부분의 위아래를 오른손 엄지와 검지 손톱으로 살짝 모아 줍니다.

13 리본의 한쪽 날개가 표현되었습니다. 같은 방법으로 리본의 반대쪽 날개도 만들어 주세요.

14 두 날개를 가운데가 살짝 겹치게 붙인 다음 커팅 매트에서 동시에 떼어 주세요. 동시에 떼는 것이 어렵다면 각각 하나씩 떼어도 됩니다.

15 떼어 낸 리본은 리스 틀 오른쪽 하단에 붙여 줍니다.

16 같은 색상의 마스킹 테이프④를 아래쪽이 점점 더 넓어지는 모양으로 찢어 리본의 아래쪽 에 붙여 끈을 표현해 주세요.

17 리본 가운데에 마스킹 테이프④를 사각형으로 오려 붙여 매듭을 만들어 줍니다.

18 동그란 오너먼트를 만들어 볼게요. 커팅 매트에 흰색 마스킹 테이프⑤를 겹치지 않게 선을 맞춰 두 줄 붙여 줍니다.

19 흰색 마스킹 테이프 위에 금색 패턴의 마스킹 테이프⑥를 찢어 가운데에 맞춰 붙여 주세요.

20 커팅 매트에서 마스킹 테이프를 동시에 떼어 줍니다.

21 떼어 낸 마스킹 테이프를 금색 패턴의 마스킹 테이프 폭에 맞춰 가위로 동그랗게 오려 줍니다.

22 오려 낸 금색 패턴의 오너먼트를 나뭇잎 상단에 붙여 줍니다.

23 다른 금색 패턴의 마스킹 테이프⑦로 오너먼트를 두 개 더 만들고 나뭇잎 위에 붙여 리스를 장식해 주세요.

24 흰색 마스킹 테이프⑤를 작게 찢어 나뭇잎 위에 붙여 리스를 장식하면 크리스마스 완성.

결혼기념일

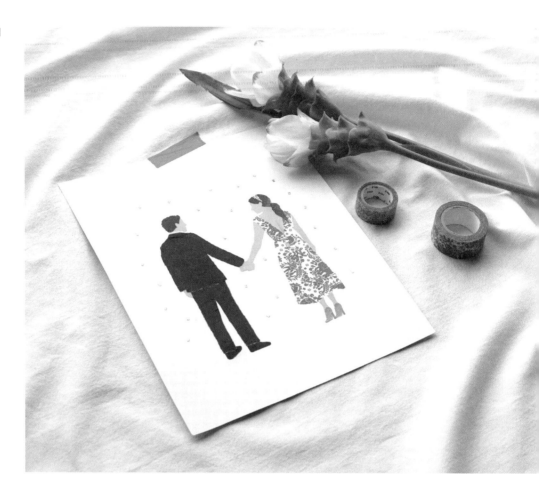

평생 서로의 반려자로서 언제나 든든한 나의 편이 되어 주는 사람,

시간이 지날수록 더욱 단단해진 믿음과 사랑으로

어떠한 고난과 역경이 와도 함께 이겨낼 수 있어요.

마스킹 테이프로 다정한 연인을 완성하며 평생 함께하기로 약속한 날을 축하해 볼까요?

① MST-MKT180-PK ② MT01P203 ③ MT01P208 ④ MT01P207 ⑤ collage masking tape BROWN
⑥ GRAY 13101-08 ⑦ MT01P200 ⑧ MTHK1P08 ⑨ GLITTER TAPE

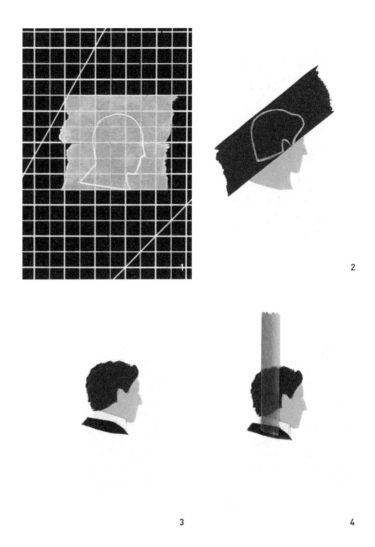

1   커팅 매트에 살구색 마스킹 테이프①를 두 줄 붙인 다음 남성의 측면 얼굴을 스케치합니다. 목은 조금 두껍게 스케치해 주세요. 스케치 선을 따라 칼로 오려 낸 다음 커팅 매트에서 하나씩 떼어 주세요.

2   떼어 낸 마스킹 테이프는 차례대로 종이에 옮겨 붙이고 갈색 마스킹 테이프②를 머리가 가려지도록 비스듬히 붙여 줍니다. 귀와 헤어스타일을 스케치하고 앞머리와 목덜미, 귀 스케치 부분은 칼로 오려 줍니다. 마스킹 테이프를 떼어 선을 따라 나머지 부분을 찢어 줍니다.

3   찢어 낸 마스킹 테이프는 제자리에 붙여 주세요. 흰색 마스킹 테이프③를 목 길이에 맞춰 오려 붙여서 와이셔츠의 옷깃을 표현합니다. 검은색 마스킹 테이프④를 옷깃보다 조금 더 길게 오린 다음 와이셔츠 옷깃 아래에 붙여 슈트의 칼라를 만들어 줄게요. 슈트 칼라의 오른쪽 끝부분은 뾰족하게 좁아지는 형태로 오려 주세요.

4   임시로 사용할 마스킹 테이프를 와이셔츠의 옷깃과 슈트의 칼라 위로 겹치게 붙여 줍니다.

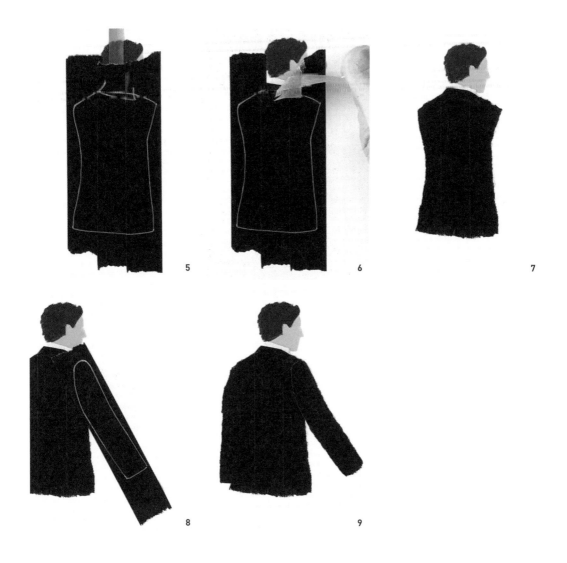

5

5   검은색 마스킹 테이프④를 길게 찢어 가운데가 조금씩 겹치도록 세로로 세 줄 붙여 줍니다.
    이때 목이 모두 가려지게 붙여 주세요. 목을 눌러 위치를 확인하고 펜으로 표시한 다음 상의
    의 몸통을 스케치합니다. 목 라인과 슈트의 칼라와 겹친 부분은 칼로 오려 제거합니다.

6   임시 마스킹 테이프를 목 라인과 슈트의 칼라와 겹친 부분과 함께 제거해 주세요. 나머지 스
    케치한 마스킹 테이프는 동시에 떼어 내어 선을 따라 찢어 줍니다.

7   찢어 낸 상의의 몸통은 다시 선을 맞춰 붙여 줍니다.

8   슈트와 같은 색상의 마스킹 테이프④를 한쪽 어깨에 비스듬히 붙인 다음 소매를 스케치해
    주세요. 소매와 겹친 몸통의 마스킹 테이프는 칼로 오려 내고 소매 부분 마스킹 테이프를 떼
    어 스케치 선에 맞춰 찢어 주세요.

9   찢어 낸 소매는 어깨선에 맞춰 붙여 줍니다. 반대쪽 소매는 허리선과 겹치게, 수직으로 떨어
    지게 만들어 붙여 줍니다.

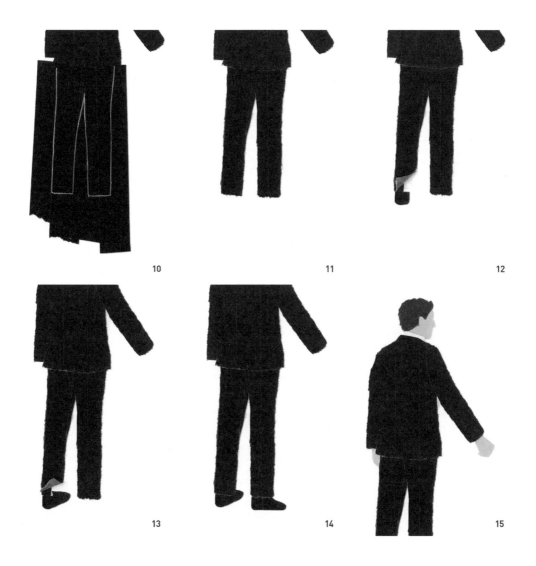

10 검은색 마스킹 테이프④를 세로로 길게 네 줄 서로 겹치게 붙여 준 다음 바지를 스케치하고 한꺼번에 떼어 선을 따라 찢어 주세요. 손으로 찢기 어려운 가랑이 부분은 칼로 오려 주세요.

11 찢어 낸 마스킹 테이프는 제자리에 붙여 줍니다.

12 바지 밑단을 살짝 떼어 낸 다음 아래쪽 모서리가 둥근 사각형으로 마스킹 테이프④를 오려 바지 밑단에 붙여 주세요.

13 구두 앞코를 표현할 검은색 마스킹 테이프④를 살짝 긴 반원 모양으로 오려 앞서 붙인 둥근 사각형 뒷굽에 맞춰 비스듬히 붙여 줍니다. 떼어 냈던 바지 밑단은 다시 붙여 주세요.

14 반대쪽 구두도 같은 방법으로 만드는데 이번에는 앞코를 비스듬히 붙이지 않고 가로로 붙여 두 발의 각도를 다르게 표현해 주세요.

15 양쪽 소매 끝단에 살구색 마스킹 테이프①를 손 모양으로 오린 다음 붙여 손을 만듭니다. 살구색 마스킹 테이프를 붙인 다음 손을 스케치한 후 오려도 좋습니다.

16 살구색 마스킹 테이프①를 슈트 소매와 대칭되도록 한 줄 길게 붙여 주세요. 이때 남성의
    오른쪽 손등에 겹쳐 붙입니다. 여성의 팔을 스케치하고 스케치 선을 따라 칼로 오려 주세요.

17 팔을 제외한 나머지 마스킹 테이프는 제거하고 남성의 오른쪽 손등 옆에 반원을 오려 붙여
    여성의 손을 마저 표현합니다.

18 같은 색상의 마스킹 테이프①를 어깨선에 맞춰 겹치지 않게 두 줄 붙여 주세요. 여성의 측
    면 얼굴과 몸통을 스케치한 뒤 칼로 오려 내고 나머지 마스킹 테이프는 제거합니다.

19 갈색의 콜라주 마스킹 테이프⑤ 중 연한 부분을 머리가 가려지도록 붙인 다음 귀와 헤어스
    타일을 스케치하고 앞머리와 목덜미, 귀는 칼로 오려 마스킹 테이프를 떼어 내고 나머지 부
    분은 선을 따라 찢어 줍니다.

20 찢어 낸 마스킹 테이프는 제자리에 붙이고 같은 색상의 마스킹 테이프⑤를 한쪽 끝이 점점
    좁아지는 뾰족한 형태로 찢어 목덜미에 이어 붙여 묶음 머리를 표현해 주세요.

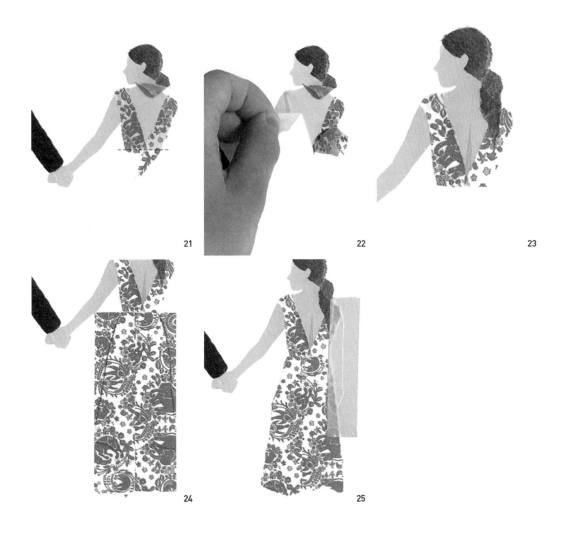

21 묶음 머리의 아랫부분을 살짝 떼어 내고 회색 패턴의 마스킹 테이프⑥를 V자 모양으로 붙인 다음 회색 패턴 마스킹 테이프와 겹친 살구색 마스킹 테이프의 경계를 칼로 오려 주세요. 점선을 따라 허리선도 칼로 오려 줍니다. 허리선 아래로 나온 마스킹 테이프는 제거해 주세요.

22 회색 패턴 마스킹 테이프를 살짝 떼어 내고 아래쪽에 오려진 살구색 마스킹 테이프를 제거합니다. 반대쪽의 살구색 마스킹 테이프도 제거한 다음 회색 패턴 마스킹 테이프를 제자리에 붙여 줍니다. 떼어 냈던 묶음 머리도 다시 붙여 주세요.

23 살구색 마스킹 테이프①의 끝을 뾰족하게 오린 다음 등에 붙여 음영을 표현합니다.

24 회색 패턴의 마스킹 테이프⑥를 허리 아래로 서로 겹치지 않게 선을 맞춰 두 줄 길게 찢어 붙인 다음 드레스의 치마를 스케치하고 하나씩 떼어 스케치 선을 따라 찢어 주세요.

25 찢어 낸 치마는 허리선에 맞춰 붙인 다음 살구색 마스킹 테이프①를 오른쪽 어깨선과 살짝 겹치도록 세로로 붙여 줍니다. 팔을 스케치한 뒤 칼로 오려 주세요.

26   오려진 나머지 마스킹 테이프는 제거해 줍니다.

27   치마 끝단에 살구색 마스킹 테이프①를 두 줄 찢어 세로로 붙여 줍니다. 치마 끝단 바로 아래에 종아리 아랫부분과 발목을 스케치하고 칼로 오려 주세요. 오려 낸 나머지 마스킹 테이프는 제거합니다.

28   베이지색 마스킹 테이프⑦를 발목 아랫부분과 살짝 겹치게 세로로 붙이고 구두를 스케치한 다음 선을 따라 칼로 오려 주세요.

29   구두를 제외한 마스킹 테이프는 제거해 주세요. 같은 색상의 마스킹 테이프⑦를 직사각형의 구두 굽 모양으로 오려 굽 위치에 한 번 더 겹쳐 붙여 구두 굽을 진하게 표현합니다.

30   같은 방법으로 반대쪽 구두도 만들어 주세요.

31   금색 패턴의 마스킹 테이프⑧를 역삼각형 모양으로 오린 다음 머리 위에 붙여 머리띠를 만들어 줍니다.

32

32 금색 마스킹 테이프⑨로 여백을 채우면 결혼기념일 완성.